朝日新書
Asahi Shinsho 749

日本中世への招待

呉座勇一

朝日新聞出版

はじめに

日本史学における「中世」という時代区分は、おおむね平安末期から戦国時代までを指す。250年近く平和が続いた江戸時代＝「近世」と比較すると、戦乱相次ぐ物騒な時代である。この時代には源平合戦（学界では「治承・寿永の内乱」と呼ぶ）や南北朝内乱、戦国の争乱など、歴史小説や歴史ドラマで頻繁に取り上げられる大きな戦乱が勃発した。だから「自分は中世史に詳しい」という自負を持つ歴史ファンも少なからずいるだろう。

しかし実のところ、そうした歴史ファンの方々が中世社会の実態をどれだけ理解しているか、私は少し疑問に思っている。確かに源義経だの楠木正成だの織田信長だの、あるいは川中島の合戦やら関ヶ原の合戦やら、武将や合戦を知悉している方は一定数、見受けられる。だが、戦乱が多発した中世においても、人々は24時間365日、戦っていたわけではない。合戦と合戦の間には、日々の営みがあった。そうした中世人の日常生活を把握している歴史ファンが、果たしてどのくらい存在するだろうか。中世史を真に探究しようとするならば、英雄の活躍や合戦の経緯だけを勉強しても不十分で、中世人の生活、さらには心性・価値観まで知る必要がある。

日本史学界では中世人の生活・文化・信仰などに関する研究も積み重ねられてきた。その熱心さは、政治史や外交史、経済史などに対するそれに、決して劣るものではない。ところが残念なことに、そうした研究成果は一般の歴史ファンにあまり伝わっていない。

中世人の日常生活や世界観を解説した一般向けの書籍がないわけではない。たとえば盛本昌広氏の『贈答と宴会の中世』(吉川弘文館)や苅米一志氏の『殺生と往生のあいだ　中世仏教と民衆生活』(吉川弘文館)などは、本書を執筆する上でも大いに参考にさせていただいた良書だ。これらは学術論文ではなく、一般読者を対象とした本である。

だが「贈答」にせよ、「殺生」(生き物を殺すこと。仏教では最も重い罪とされる)にせよ、特定のテーマに絞った本は、いくら一般向けに書かれていると言っても、普通の歴史ファンにはハードルが高い。こうした本に挑む前に、中世社会の概要を知っておくことが望ましい。

ところが、「中世社会とはどのような社会だったのか」ということを簡潔に語ってくれる概説書は意外に少ない。出版各社が出している「日本の歴史」シリーズのような通史類はどうしても政治史的な叙述に偏りがちである。たとえば、日本人は誕生日をいつ頃から祝うようになったのか、中世人は正月をどのように過ごしていたのか、冠婚葬祭はどうやっていたのか、といった素朴な疑問に答えてくれる本はなかなか見当たらない。そもそも「日本の歴史」シリーズは全巻合わせると20巻を超え、中世だけでも6、7巻読まなければならない。

強いて「まずはこの1冊！」と挙げるとしたら、本書でも取り上げる中世史学者の網野善彦の『日本の歴史をよみなおす（全）』（ちくま学芸文庫）だろう。けれども、この本の初版が刊行されたのは1991年である。その後、日本史学界で研究が進んだ結果、否定された網野の見解も少なくない。やはり最新の研究成果を踏まえた概説書が求められよう。

無ければ、自分で書けば良い。こうして生まれたのが本書である。本書が『日本中世史への招待』ではなく『日本中世への招待』と名乗っているのは、政治史中心の、良くある中世史入門ではないからだ。むろん日本史にさほど詳しくない読者にも配慮して丁寧な説明を心がけたが、政治史の流れをある程度つかんでいる方がより本書を楽しめると思う。

それでは、皆さんを日本中世という〝異世界〟にご案内しましょう——。

日本中世への招待　目次

中世の教育 70

〈付録〉

（初出）

第一部　「日本中世史への招待　社会、慣習、価値観を探る」

（朝日カルチャーセンター中之島教室　２０１９年２月～３月）

第二部　「呉座勇一の交流の歴史学」

（朝日新聞　２０１４年10月11日～２０１７年３月25日）

第三部　「呉座勇一の交流の歴史学　ブックガイド編」

（朝日新聞　２０１７年４月22日～２０１８年３月31日）

第一部　人生の歴史学

中世の家族

女性天皇は中継ぎか?

日本の古代と中世を分かつ最大の変化は「家の成立」である。私たちが今営んでいるような家の原型は中世になって生まれた、と考えられている。

最近は夫婦別姓を認めるかどうかという議論があるが、現状では、父方の姓を名乗ることが多い。これは父方、男系が優位という「家」の伝統に由来する。しかし古代においては必ずしも男系優位ではなかった、と現在の歴史学界では言われている。古代は「双系制社会」であり、父方・母方の双方の親類と密接な関わりを持って、政治的な地位や財産を双方から受け継いだ。

日本の古代社会を双系制社会とみなす根拠として、まず明確な婚姻居住規制の欠如が挙げられる。すなわち、夫婦が男性の側の家で生活するのか、女性の側の家で生活するのか、ハッキリと決まっていないということである。次に、男女均分の財産相続慣行である。子どもに財産を分ける場合に、基本的には男女平等に分配した。男に多く譲るとか、そういうことがない。母姓継承や父母姓継承の存在も指摘されている。

政治的な地位の継承における母方血統の重要性も、古代の日本が双系制であることを裏付けている。これは、古代の天皇の婚姻関係を見ると良く分かる。

古代の皇族たちは近親婚を繰り返している。現代の価値観に照らすと、ちょっと気持ち悪いというか、倫理的に問題はないのかと感じるかもしれないほど、頻繁に見られる。

有名な例を挙げると、天智《てんじ》天皇の娘が、天智天皇の弟である大海人皇子《おおあまのみこ》（のちの天武《てんむ》天皇）と結婚している。しかも1人ではなく、天智天皇の4人の娘が天武天皇の妃になっている。要は叔父さんと4人の姪が結婚しているわけだ。

現代人にとっては非常に違和感のある結婚で、推理小説家の井沢元彦氏などが「天智天皇と天武天皇は実は兄弟ではなかった」という奇説を発表したのも、このためだろう。だが、古代の常識と現代の常識は違う。

なぜこんなに近親婚が多いかと言うと、この時代には皇位継承の際に母方の血が重視されたからである。母親も皇族である方が天皇になれる確率が高い。大海人皇子は壬申《じんしん》の乱で天智天皇の第一皇子である大友皇子《おおとものみこ》を討って天皇になったが、この乱が起きた一因は大友皇子の母親の身分にある。

舒明《じょめい》天皇と皇極《こうぎょく》天皇との間に生まれた大海人に対し、大友の母は伊賀采女宅子娘《いがのうねめやかこのいらつめ》という身分の低い女性だった。ゆえに大友は天皇にふさわしくないという不満が朝廷内に存在したのである。なお、オスマン帝国の皇位継承では母親の身分は問題にされず、女奴隷が産んだ男子でも皇帝《スルタン》になれる。

母親の身分が大事なので、自分の子どもを天皇にしようとしたら、皇族の女性との間に子どもを作る方が有利である。皇族同士の結婚が好まれた結果、近親婚が多くなったのである。

さて古代の婚姻史研究は、女性天皇をどう考えるかという議論の中で発展してきた側面がある。明治以来、女性天皇は中継ぎと考えられてきた。

女帝中継ぎ論の概要は以下の通りである。皇室の長い歴史の中で時々、女性が天皇になることはあったが、それは例外的なものである。本来、天皇になるべき男子がまだ幼い時に、その男の子が成長するまでの間の中継ぎとして、男子の母親なり叔母なりが天皇になる。それはあくまで一時的措置であって、代理にすぎない。

この女帝中継ぎ論が明治から戦後に至るまで、学界でも通説だった。けれども研究の進展の結果、それはただの先入観ではないか、という批判が出てきている。

明治政府は皇室典範を制定して女性皇族の即位を否定した。この際、過去に存在した女帝は中継ぎにすぎないと規定することで、女性天皇排除を正当化したのである。明治民法が女子よりも男子を、妻よりも夫の権利を優先したため、男尊女卑的な価値観が社会に浸透したことも、女帝中継ぎ論を後押しした。

だが現実の歴史を見てみると、女性天皇は自身の政治的意思を発揮し、大きな権力を行使している。遣隋使を派遣した推古《すいこ》天皇もそうだし、律令国家の基礎を築いた持統《じとう》天皇もそうだ。女性天皇は必ずしも中継ぎではなくて、むしろ男性の天皇と対等の存在であったということが明らかにされた。古代の双系制社会を知ることは、現在の女性天皇・女系天皇問題を考える上でも必要だろう。

氏から家へ

日本の古代にも家がなかったわけではない。ただ家というものが、私たちが思い浮かべる現在の家とは違う。古代においては、家よりも氏《ウヂ》が中心だった。

氏とは、氏人《うじびと》を構成員とする同族集団である。古代人は自分たちを神の末裔と考えていたので、氏単位で共通の祖先にあたる共通の神を祀った。これを氏神《うじがみ》という。その氏のトップ、一番偉いまとめ役を氏上《うじのかみ》という。この氏上は氏神を祀る司祭者を兼ねる。つまり政治的な代表者であり、同時に宗教的な代表者でもあるということだ。

氏は一定の地域を占めて村落を形成し、自給的な経済生活を営んでいた。いわゆる古墳時代以降、日本列島を支配する政権は大和朝廷《やまと》（近年は「倭《やまと》王権」などと言う）だったが、この大和朝廷は事実上、有力な氏の連合体、連合政権だった。大王《おおきみ》（のちの天皇）が絶対的権力を握っていたわけではないのだ。

しかし、大化の改新や壬申の乱を経て、天皇の権力は次第に強まっていった。8世紀になると朝廷は中国から律令という法律を導入して、それによって、いわゆる律令制度に基づく、天皇を中心とした中央集権的な国家を形成していく。

蘇我《そが》氏だとか、葛城《かつらぎ》氏とか、大伴《おおとも》氏だとか、そういった氏の連合体としての政権から律令国家へと朝廷は脱皮した。律令国家においては、天皇を支えるのは豪族ではなく律令官人である。天皇に仕える者はみな官僚になるという形になって、氏の連合体という性格がだんだん失われていく。

それによって、氏上の氏に対する私的な支配権は形式的には否定される。ただし、中国ほど徹底されなかった。中国の場合は科挙制度（本書99P）が導入されて、科挙に合格しないと官僚になれない。しかし日本はそこまで徹底しなかったので、氏というものが完全には解体されなかった。

科挙で官人を選抜するわけではないので、経済的特典の大きい、政治的権力の大きい高い官位は、結局、有力な氏が占めるに至った。その筆頭は言うまでもなく藤原《ふじわら》氏だ。したがって、氏の社会的機能は温存された。

律令制においても氏は残存し、律令国家の中で最高の官位を得た者が、氏を統括するという仕組みが生まれた。古代の家は、この氏の下にある存在である。氏の中にいくつもの家があって、その家の連合、集合体として氏がある。これは、私たちがイメージする、中世から現代に至るような家とは異なるものである。

どこが違うかと言うと、家の中で、父から子へという継承がまだできていない。中世から現代に至るまでの家、すなわち中世的「家」は、基本的には父親から子どもに、特に父親から嫡男への継承が原則である。

現代でも長男が跡を継ぐ、家を継ぐという言い方はしばしば見られる。特に農家とか商業、商売をやっているような家などでは、子どもが跡を継ぐ、家を継ぐという表現が用いられる。こうした継承のあり方は中世的「家」の流れを汲むものである。だが、古代の段階では、こうした継承は確立していない。必ずしも、父から子どもではないのだ。

単純化して説明すると、律令国家においては、一番出世した人が跡を継ぐので、父から子へとは限らない。兄から弟に引き継いだり、伯父さんから甥が相続するということも往々にしてある。これを氏的継承という。

平安時代以降、藤原氏が摂政・関白を独占するが、その地位が父から子に継承されている例は実は古代においては非常に少ない。要するに、権力闘争をやって勝った人が摂政・関白に就任するのであって、父から子へ順当に譲られることは、むしろ例外だった。

これは別に、藤原氏の問題だけではなく、他の氏族においても同様である。父親の地位を子どもがそのまま受け継ぐとは限らない。家の中、氏の中での競争があって、勝った人が結果的に継ぐだけなので、嫡系継承ができていない。嫡継承される「家」は未成立なのである。

ところが、古代から中世へ向けて、氏がだんだん解体していって、氏の下にあった家が自立する。これによって、中世的「家」が徐々に成立していくのである。

中世的「家」は男系継承

では何をもって中世的「家」とみなすのか。中世史研究者の久留島典子《くるしまのりこ》氏は「一世代一組の嫡系の夫婦が世代を超えて垂直的に連続する広義の生活組織である」と定義している。まず夫婦一組が「家」の基本単位になっている。夫婦の息子が結婚し、次世代の夫婦を構成し、「家」を継ぐ。要は父から子へと世代交代で受け継がれていく、ということである。

中世的「家」は屋敷地とその内部の家屋を共有し、そこに同居する夫婦・親子・兄弟姉妹を中心とした最小単位の生活共同体である。家を持って、土地を持って、そこにみんなで一緒に住んでいる。まさに私たちのイメージする家族である。結婚すれば夫婦、子どもが生まれれば親子、子どもが複数生まれれば兄弟姉妹から成る家族だ。さらに屋敷地には墓所や氏寺が付随して、一族結集の精神的紐帯として機能する。

もちろん「家」の財産は不動産だけではない。武具、農具、銭貨などの動産もある。また中世には人を所有することもある（こうした隷属的な使用人を下人《げにん》という）。「家」はこれらの不動産・動産を利用して生産・労働を行う経営体でもある。そして「家」は経営のために財産を所持・管理し、親から子へと継承していく。

さらに重要な「家」の機能として、家業や社会的地位などを所持して、それを主として親から嫡子（嫡男）へと男系継承を行うことが挙げられる。複数いる男の子の中の一人を嫡男として、その嫡男に対して継承を行う。家督・当主の座を、父から嫡男へと譲るのである。財産だけでなく地位も継承するわけで、要は世襲である。

もちろん、跡を継ぐ子どもがいないという事態も当然ある。子どもが生まれなかった、もしくは子どもが生まれたけれど、父親より先に死んでしまったというパターンがある。その場合、父から子へと譲れない。それではどうするかと言うと、祖父から孫、兄から弟、叔父から甥という形で、継承する。

しかし「家」継承の原則は、親から子、父親から嫡男なので、養子という形をとることが多い。祖父から孫であっても、孫が祖父の養子になる。兄から弟であっても、弟が兄の養子になる。叔父から甥であっても、甥が叔父の養子になる。要するに父から子へという継承ができなかった場合も、養子を取ることで父から子へという体裁を整えるのである。

養子の一般化は、父親から嫡男への男系継承が原則という価値観が支配的になった結果、それが実現できない場合も、それに似せた形をとる必要が出てきたことを示す。養子は「襁褓《むつき》（オムツ）の時」「幼少の期」など早くから長期にわたって養育された場合、実子に準じて尊重される。ただし養育は必須ではなく、極端に言えば、どこから連れてきても良い。

男系が望ましいが、女系でもダメということはない。たとえば江戸時代の商家、すなわち商売をやっている大店《おおだな》などでは、息子ではなく、優秀な使用人を娘と結婚させて跡を継がせることがしばしば見られる。いわゆる婿養子である。バカ息子に継がせて店を潰されるぐらいなら、優秀な婿養子に譲った方が良いという発想である。この場合は女系継承ということになる。

けれども中世家族史研究を専門とする高橋秀樹氏は、中世段階では、やはり男系が基本であると指摘している。子どもがいなかったとしても、兄から弟とか、叔父から甥、つまり男系で譲るのが原則なのだ。

ただし女系継承、さらには縁戚による継承も不可能ではない。戦国時代、竹原小早川家《たけはらこばやかわ》の当主である小早川興景《おきかげ》が跡継ぎを残さないまま戦死すると、毛利元就《もうりもとなり》は三男隆景《たかかげ》を養子として送り込み、竹原小早川家の家督を継承させた。この養子入りは、興景の妻が元就の兄である興元の長女だったという縁戚関係によるものである。

そして沼田《ぬた》小早川家の当主である小早川繁平《しげひら》が病気で盲目になると、元就は繁平を隠居に追い込み、隆景に沼田小早川家を継承させた（竹原小早川家と沼田小早川家の統合）。事実上の乗っ取りだが、元就はこの時、繁平の妹と隆景を結婚させ、女系継承の形をとっている。このように男系継承は必須ではないが、全く無縁の人間が養子になるのは憚《はばか》られ、何らかの縁戚関係は求められたのである。

中世的「家」は永続が義務

女系の男性ではなく女性が「家」を継承することもある。たとえば、嫡子が子どもですぐには家督を継げないという場合は、後家（未亡人）が継承する。

有名な例では、北条政子《ほうじょうまさこ》が挙げられる。政子が「尼将軍」として鎌倉幕府内で絶大な権力を握れた背景には、後家の立場があった。源頼朝《みなもとのよりとも》が亡くなり頼朝の子息（頼家《よりいえ》・実朝《さねとも》）がまだ若い、幼いという状況の中で、後家である政子が源氏将軍家の家長の役割を果たしたのである。

足利義政《あしかがよしまさ》の妻で「悪女」として名高い日野富子《ひのとみこ》にしても、実は義政存命中はそれほど目立った動きをしていない。富子が権勢をふるうようになるのは、義政没後、後家として足利将軍家の家長の役目を担って以降である。

NHK大河ドラマの「おんな城主　直虎《なおとら》」で女大名に注目が集まった。井伊《いい》直虎に関しては、やはり男性なのではないかという異論もあるが、それはさておき、この時代に女大名が存在したことは事実である。有名なのは寿桂尼《じゅけいに》である。今川氏親《いまがわうじちか》（義元《よしもと》の父）が死去すると、後継の氏輝《うじてる》（義元の兄）がまだ幼かったため、氏親の後家で氏輝の母である寿桂尼が政務を取り仕切った。彼女は自身の印判で公的文書を発給しており、自他ともに認める今川氏当主だった。他にも、夫である赤松政則《あかまつまさのり》の死後、事実上の赤松氏当主として活動した洞松院《どうしょういん》などが知られる。

ただし、こうした後家による家督継承は、あくまで過渡的な措置である。前述のように古代の女性天皇は必ずしも中継ぎではないが、中世においては、女性の家督継承は中継ぎである。本来、継ぐべき男子が大人になるまでの間、暫定的に家督を担うという位置づけである。やはり男系継承が原則なのである。

男系継承原則は、中世的「家」が公的な性格を持っていたことと関連する。律令制導入以降、日本の公的な空間、表の世界は男性中心になった。これには律令国家が対外戦争を意識した軍事国家であったことが影響している。少なくともタテマエとしては「政治は男がやるもの」という観念が生まれた。政治に深く関わる「家」の代表者に男が就くのは必然である。

中世的「家」は永続的な社会組織である。子々孫々、未来永劫続くことが前提となっている。だから「家」は基本的には絶やしてはいけない。もし子どもがいないなら、養子を取ってでも残していかなければならないのだ。

なぜ永続が求められるかというと、先に触れた通り、中世的「家」は公的な組織だからである。中世においては、全ての社会組織は、家を基本構成単位としている。中世の朝廷は、事実上、藤原摂関家を筆頭とした貴族の家の集合体として機能している。朝廷は本来的には律令官人によって運営されるはずだが、中世においては、それはほとんど機能していない。官僚制が形骸化して、貴族の家、いわゆる公家たちの連携・協調によって政務が行われる。政務・儀式を円滑に遂行するためのノウハウも公的なアーカイブに保存されず、各々の家に蓄積される。中世の貴族がせっせとつけていた日記は、子孫に対するマニュアル本としての側面を持っていた。

幕府も基本的には同様で、有力な武士の家の連合体、集合体という形になっている。幕府内の役職は原則的に世襲である。将軍が個人を抜擢《ばってき》することは例外的である。しかも、幕府の役職を退いた隠居が権力をふるうことも多い。結局、役職の有無より「家」の代表者であるかどうかが重要なのだ。

村や町《ちょう》の場合も、「家」が基本構成単位である。中世後期の自治的な村落を惣村《そうそん》というが、惣村では、各家の代表たちが集まって話し合いで村のことを決める。したがって惣村は、単純に言うと、「家」の当主の連合体、「家」の連合体である。「家」を代表していない人間、例えば当主の妻や息子には原則として発言権がない。個人ではなくて、「家」が基本構成単位になっているのだ。

以上のように、中世社会の基本構成単位は「家」なので、「家」がなくなると困る。上は朝廷・幕府にしても、下は惣村・町などにしても、「家」が基本構成単位になっているので、その「家」が断絶すると様々な問題が生じる。それは、公的な業務を担う組織の消滅を意味するからだ。

分かりやすい例で言えば、和歌を家業とする御子左《みこひだり》家（藤原定家《ていか》の家、本書95P）や、蹴鞠《けまり》を家業とする飛鳥井《あすかい》家が断絶してしまったら、朝廷は立ち行かない。だから養子を入れてでも「家」を存続させる必要があったのだ。

「一夫一婦制」の成立

現代の家族にしろ、中世的「家」にしろ、最小単位は夫婦一組である。では、その夫婦というものはどのようにして作られるかという問題は、中世的「家」の特徴を考える上で避けて通ることはできない。つまり結婚の問題である。

名前だけは聞いたことがある方が多いと思うが、古代の結婚形態は妻問婚《つまどいこん》と呼ばれる。誤解されがちだが、妻問婚における「妻」は、必ずしも女性を指す言葉ではない。『古事記』・『日本書紀』・『風土記』・『万葉集』などによると、古代の「ツマ」とは一対《ペア》の片割れ、片方を指す言葉で、男から見た配偶者はもちろん「ツマ」だが、女から見た配偶者、つまり夫も「ツマ」と呼ばれていた。

よって、「妻問婚」と言っても、男から女の所に行くとは限らない。まず、男女、男と女がいて、どちらかが気に入った相手に求愛、求婚する。相手がその求愛、求婚を受け入れれば結婚成立ということになる。

そして、ここが重要なのだが、古代の場合は、夫婦は必ずしも同居しない。先述の通り、中世的「家」は、夫婦の同居を前提としている。だが古代においては、男と女が結婚して夫婦になったからといって、同居するとは限らない。結婚後も、それぞれの親・兄弟と、生活・労働を共にして、夜になると相手の所に行って、朝になると帰っていく。これは『源氏物語』を読めば、良く分かるだろう。

妻問婚の「ツマ」は、元々、女性のことを指すとは限らないので、男から女に通うこともあれば、女から男に通うこともある。ただ、一般的には、やはり男が女の家に通う。したがって、子どもが生まれた場合、母親の家で育てられることが多い。

もちろん子どもが何人か生まれる頃《ころ》になると、夫婦が同居することが多い。しかし、それは必須のことではなく、ずっと通いの場合もある。同居する前に夫婦の関係が切れてしまうこともあるし、同居したけれどやっぱり気が合わないので別れるということも多かった。中世から現代に至るまでの夫婦・家族のあり方とは大きく異なると言えるだろう。

夫婦が同居しないということになると、当然のことながら、同時に複数の相手を持つことが可能である。現代でもそうだが、浮気だ不倫だという話は同居が前提である。同居しているからこそ、夫が家に帰ってこなくなると、「浮気してるんじゃないか」と妻が疑うのだ。そもそも一緒に住んでいなければ、やろうと思えば、いくらでも複数の相手と肉体関係を持つことができる。

古代婚姻史研究によれば、こうした性的放縦は夫の側だけに認められていたわけではない。妻の側、女性の側も複数の男性と肉体関係を持つことができた。つまり古代の婚姻形態は多夫多妻婚的な性格を持っていたのである。

現代の感覚から見ると、古代は乱倫・乱交の野蛮な時代に映るが、良く言えばおおらかな時代であった。そこから徐々に一夫一妻制に移行していくのである。ただし古代における女性の性愛の自由を強調する通説には近年異論も提出されている。

一夫一妻制と言っても、高い身分の男は妾を持つ。女性の側は性関係の相手が夫一人に限定され、それ以外の男性と肉体関係を持つことは不義密通として非難されるようになる。その意味で男女不平等である。

ただし男も妾を持つものの、正妻は一人に絞る。古代においては同時に複数の女性と付き合って、どの女性が一番大事かという序列を決めていなかった。しかし次第に、複数の女性と結婚するにしても、一人を正妻と位置づけて、他の妾と区別するようになる（なおイスラムの一夫多妻制では、それぞれの妻の間に差異を設けることは許されない）。これを「一夫一婦制」の成立とみなす見解がある。現代的な男女対等の一夫一婦制とは違うが、古代の多夫多妻的な婚姻形態とは明らかに段階を画しているからだ。

この一夫一婦制の成立時期については学界でも議論があって決着がついていない。早くも10世紀頃には成立していたという説もあるが、もっと遅いという主張もある。しかし、遅くとも11世紀後半には成立していたことでは見解の一致を見ている。いわゆる院政期（摂関政治の時代と鎌倉時代の間の時代）に該当する時期である。その頃には、1人の女性を正妻と位置づける形になっている。

なお古代女性史研究の服藤早苗《ふくとうさなえ》氏によると、公家の場合は、嫡継承される「家」が9世紀末から10世紀末にかけて成立して、11世紀末には確立するという。夫婦関係の安定が中世的「家」の確立に寄与したことは明白だろう。

婿取婚から嫁取婚へ

では、夫と正妻の結婚はどのようにしてなされるのか。まずは平安貴族の結婚を見てみよう。婚約が成立するために最も重要なのは、女性の父親の承認である。現在でも男性が女性の父親に「娘さんを僕にください」と頼みに行くことはあるのではないか。結婚の儀式をどこでどうやってやるのかを決定する権利も、女の父親、いわば、男から見て舅《しゅうと》にある。

では平安貴族の結婚式はどのような流れで行われるのか。男が舅の家にやってきて、そこで結婚式をやって、結婚後も、夫婦で舅の家で生活するという形を取る。これを婿取婚と呼ぶ。婿の側が舅の家に来るということは、舅の家が婿を取ることを意味するからだ。

ところが、女系よりも男系が重視されるようになると、この婿取婚の風習が次第になくなっていく。妻の実家で生活する、同居するというあり方がだんだん崩れていく。服藤早苗氏の研究によれば、平安中期になると、貴族層では、最初は妻方への通いや妻方で同居するものの、一定期間経つと、夫婦揃って、今度は夫方の用意した邸宅に移って、そこで生活するようになるという。結婚生活の最初は婿取婚だが、それは形式的なもので、一定の婿取期間を終えると、結局、夫側の家で生活するのである。

こうした過渡期を経て、公家社会では婿取婚から嫁取婚へ移行する。新郎方から新婦の家に迎えの牛車《ぎっしゃ》を出して、妻を夫の家に引き取るのである。

けれども、この婿取婚から嫁取婚への移行期には、嫁取婚という新方式に反発する貴族もいたらしい。一例を挙げよう。建久《けんきゅう》2年（1191）に、九条《くじょう》良経《よしつね》と一条《いちじょう》能保《よしやす》の娘が結婚することになった。九条家は摂関家の1つである。一方、ここで出てくる一条家は摂関家の一条家ではなく、藤原北家《ほっけ》中御門《なかみかど》流の庶流である。だいぶ身分差があるように見えるが、実は、この一条能保は、源頼朝の妹と結婚している。つまり能保は源頼朝の義理の弟であり、非常に権勢があったので、この結婚が成立したのだろう。

さて、この結婚時、頼朝は義理の弟の能保に、「嫁取婚が良いと思う」と勧めた。しかし、良経の父である九条兼実《かねざね》は反対した。兼実の日記『玉葉《ぎょくよう》』によると、彼の反対理由は以下の通りである。

摂関家の場合、嫁取婚を行ったことは過去に何例かあるが、良い結果を生んでいない。嫁取婚をした当事者が病気にかかったり、結婚後に家が断絶したりしている。不吉な例しかないことが、兼実の第一の反対理由である。

第二の理由は経済的なものである。嫁取婚の場合、嫁を迎えるための家を用意しないといけないが、そんな家はないというのだ。

九条兼実は右の理由を挙げて「嫁取婚は無理だから、昔ながらの婿取婚でやろう」と述べた。結局、兼実の主張が通って、良経は舅の一条能保の家に迎えられた。嫁取婚という新しい結婚スタイルに九条兼実が抵抗感を持っていたことが分かる。

嫁取婚を忌避したのは九条兼実だけではない。兼実の孫の九条道家《みちいえ》も嫁取婚に否定的だった。嘉禎《かてい》3年（1237）に近衛兼経《このえかねつね》と九条道家の娘の仁子《じんし》が結婚することになった。近衛家も摂関家の1つである。兼経の父である家実《いえざね》は道家に嫁取婚を提案した。だが道家は反対した。摂関家では婿取婚が一般的であり、数少ない嫁取婚の例は良い結果を生んでいない、というのである。祖父の兼実と同じ主張である。

道家の日記『玉蘂《ぎょくずい》』によると、交渉の結果、兼経・仁子夫婦は夫側の家（近衛家）で生活するが、夫側から迎えの牛車は出さず、妻側（九条家）で牛車を用意して嫁入りするという妥協案が成立した。

夫側と妻側のどちらが牛車を用意しても大差ないように思える。だが九条道家は、夫側から迎えの牛車を出してもらうと、天皇の婚姻に似てしまうことを気にしていた。天皇が結婚する時は、昔から天皇が女の家に迎えの車を出して内裏《だいり》（天皇の居所）に参入させた。内裏に入るので、これを入内《じゅだい》という。夫の側から迎えの車を出して妻を呼び寄せたら入内と似てしまって天皇に対して失礼である、と道家は考えたのだ。

これは天皇家（王家）の次に身分の高い摂関家の人間ならではの発想と言えよう。中下級貴族には嫁取婚の忌避感は見られないし、まして牛車をどちらが出すかなど気にしない。天皇と明らかに身分が違うので、天皇を真似たとは誰も思わないからだ。しかし、摂関家で嫁取婚を行うと、天皇を真似したように映り、思い上がりと受け取られかねない。それが道家の懸念だった。とはいえ摂関家でも、結局は嫁取婚に移行していく。

鎌倉武士は嫁取婚

さて、ここまでは主に公家の結婚について紹介してきた。では、中世武士の場合はどのように結婚したのだろうか。

戦前以来、武士の世界では公家に先行して、鎌倉時代に既に嫁取婚に移行していたという理解が支配的だった。

これに対し、婿取婚か嫁取婚かという二者択一的な理解に異を唱えたのが、中世女性史の代表的研究者である田端泰子氏である。田端氏は『吾妻鏡《あずまかがみ》』に注目した。『吾妻鏡』は、鎌倉幕府の初代将軍である源頼朝から6代将軍宗尊親王《むねたかしんのう》までの6代の将軍の事績を記した歴史書である（本書252P）。幕府が公式に編纂した正史ではないが、おそらく北条氏の周辺で編纂された準公式の歴史書と見られている。この『吾妻鏡』には「嫁《か》す」という言葉が頻出しており、田端氏はその意味内容を細かく分析した。

一見すると「嫁す」は、女性が男性の所に嫁に行くという意味に思える。だが、「男が女に嫁す」という用例が『吾妻鏡』にはしばしば見えると田端氏は指摘している。

だとすると、鎌倉時代の武士の世界では、嫁取婚が一般的とは言えない。かといって婿取婚とも言えない。女が男のところに行く場合も、男が女のところに行く場合も、同じ「嫁す」という言葉を使っているとしたら、そもそも鎌倉武士の世界には婿取婚か嫁取婚かという区別はなかったということになる。むしろ古代の妻問婚に近い形態である。

以上の田端説に対しては、近年、高橋秀樹氏や辻垣晃一《つじがきこういち》氏らから批判が提出されている。

公家の日記などの古記録を詳細に検討していくと、男が女の家に迎えの車を出すことを「男が女に嫁す」と表現している例が散見されるという。この場合は夫婦は夫側の家で同居するのだから嫁取婚であり、「男が女の家で暮らす婿取婚」という意味ではない。

また「嫁す」は、男女の正式な結婚を意味しているとは限らないという。単に男と女が肉体的に結ばれるだけの場合や人妻との密通の場合も「嫁す」と表現される。

だから「嫁す」という記述だけから、嫁取婚か婿取婚か、はたまた妻問婚か、といった婚姻形態を明らかにすることはできない。この点で田端説には問題がある。

高橋氏や辻垣氏は、中世武士の結婚を網羅的に見ていくと、やはり確認できる事例では、夫婦は夫方、男の側の家に同居して生活しているケースが大半であると指摘する。ゆえに中世武士の場合、嫁取婚が基本であると結論づけている。私もこの見解に同意する。

さらに言えば、武家社会の方が公家社会より嫁取婚への移行がやはり早かったと思われる。九条良経と一条能保の娘との結婚に際して源頼朝が嫁取婚を勧めたのも、武家社会では既に嫁取婚が普及していたからだろう。

むろん、婿取婚が皆無なわけではない。有名な例では、源頼朝の結婚が挙げられる。

建久4年（1193）に源頼朝が開催した富士の巻狩りの最中に行われた曽我《そが》兄弟の仇

討に触発され、曽我兄弟の生い立ちを虚実交えて記した軍記物語に、『曽我物語』がある。
この『曽我物語』には、源頼朝は北条政子と結婚し、北条時政《ときまさ》（政子の父）の婿になったという記述がある。

だが周知のように、頼朝は政子と結婚した段階では流人《るにん》である。平治《へいじ》の乱で頼朝の父である義朝《よしとも》が平清盛《たいらのきよもり》に敗れ、頼朝も謀反人の一味として捕らえられた。本来ならば斬首されるところだったが、池禅尼《いけのぜんに》（清盛の継母）の嘆願により、伊豆への流罪に減刑されたのである。

流人の頼朝は伊豆に何も基盤を持っていない。よって、頼朝が政子を自分の家に迎えることは不可能である。そんな財力はないので、必然的に時政が頼朝を招き寄せる婿取婚になる。

ちなみに『曽我物語』によれば時政は頼朝と政子の結婚を喜んだというが、『吾妻鏡』は、時政が大反対したため、2人は駆け落ちし、やむなく時政が認めたと記す。頼朝と政子が結婚した当時は平家の全盛期であるから、『吾妻鏡』の方が真実に近いだろう。

頼朝の先祖である源頼義《よりよし》も、平直方《たいらのなおかた》の婿になったというが、これにも事情がある。頼義が相模守として京都から鎌倉に下ってきた時に、鎌倉を拠点とする武士である直方の婿になったというのである（『詞林采葉抄《しりんさいようしょう》』）。直方が頼義夫婦が住む屋敷を提供したのだろう。

このように婿取婚の事例は、地方に赴任してきた貴族や地方に流されてきた罪人など、その地域に基盤を持たない、根無し草の男性が結婚する場合にほぼ限定される。中世武士の婚姻形態は、基本的には嫁取婚と言えよう。

源義経の嫁取婚

それでは『吾妻鏡』の中から、鎌倉時代の武士の嫁取婚の具体例を幾つか取り上げてみよう。

まずは北条義時《よしとき》と比企朝宗《ひきともむね》の娘の結婚を見てみたい。北条義時は、北条時政の息子、北条政子の弟である。後に鎌倉幕府の2代執権になり、承久《じょうきゅう》の乱の時に幕府を指導した人物として知られる。この義時の結婚について『吾妻鏡』は「幕府の官女〈姫の前と号す〉、今夜、始めて江間《えま》殿の御亭に渡る」と記す。幕府の官女とは源頼朝に仕える女官のことである。江間殿は北条義時を指す。姫の前という女性が、夫となる北条義時の屋敷にやってきたとあるから、これは嫁取婚の事例ということになる。

『吾妻鏡』はこの2人の結婚の経緯を詳しく記す。この姫の前という女性は、比企朝宗の娘で、非常に評判が高かった。頼朝のお気に入りの女官だったという。もちろん、たいへんな美人だったからである。

そして北条義時は、ここ一、二年、この絶世の美人にすっかり首ったけ、惚れ込んでしまって、何度も何度も手紙を送ったが、その度に肘鉄を食らっていた。

当時の義時は頼朝の親衛隊的な立場だったので、振られ続ける義時を見かねた頼朝が助け舟を出した。「決して離婚はしない」という誓約書を取った上で結婚してあげなさいと、姫の前に対して頼朝が命じたのである。その結果、建久3年（1192）9月に2人の結婚が成立した。『吾妻鏡』には「嫁娶の儀を定む」とあるので、この結婚はやはり嫁取婚と認識されていた。

姫の前は義時との間に朝時《ともとき》・重時《しげとき》という2人の男児を産む。しかし建仁《けんにん》3年（1203）に比企能員《よしかず》の乱が起こり、比企一族が北条氏によって滅ぼされると、姫の前は義時から離縁されて京都で再婚する。「離婚しない」という義時の約束は守られなかったことになるが、姫の前にしても、実家の仇となった義時の側にはいたくなかっただろう。

次に源義経《よしつね》と河越重頼《かわごえしげより》の娘との結婚を見てみよう。良く知られているように、義経は頼朝の命令で上洛し、一ノ谷の戦いで平氏を破っている。この戦功により義経は検非違使《けびいし》に任官している。その1カ月後、河越重頼の娘が結婚のために鎌倉から京都の義経のところに向かっている。重頼の家臣たちもこの嫁入りに随行している。女の方が男の家に行ったので、これも嫁取婚ということになる。

ちなみに、この結婚は頼朝の周旋によるものだった。河越重頼は現在の埼玉県川越市を本拠地とする有力武士だが、新婦の父親よりも母親が重要である。新婦の母方の祖母は、頼朝の乳母を務めた比企尼《ひきのあま》である。比企尼は流人時代の頼朝を支援し続け、頼朝から絶大な信頼を得ていた。そして新婦の母親は頼朝嫡男の頼家の乳母になっている。

一般には、義経は頼朝に無断で検非違使に任官し、頼朝がこれに激怒したため、両者の関係が不和になったと言われている。だが、この結婚を見る限り、頼朝が義経を疎んじたとは考えられない。頼朝は義経を比企尼の孫娘と結婚させることで義経との関係を強化しているのである。さらに言えば、義経を頼家の藩屏《はんぺい》として位置づける意図も見いだせるのではないだろうか。

もう1つ嫁取婚の事例を挙げておこう。新田義重《にったよししげ》の娘は源義平《よしひら》（頼朝の異母兄）の後妻だったが、義平が平治の乱に敗れて斬首されたため、未亡人になっていた。この女性は美人だったようで、頼朝は側近の伏見広綱《ふしみひろつな》を通じて言い寄ったが、断られてしまった。

頼朝はここであきらめず、父親の義重に「お前の娘がほしい」と頼んだ。頼朝は義重の主君なので、「喜んで」と返答したいところである。だが、ここで娘を頼朝にあげてしまったら、北条政子に後でどんなことをされるか分からない。そこで義重は慌てて娘を結婚させてしまった。人妻になってしまったら、いくら頼朝でもよこせとは言えない。すると頼朝が「なんで、他の男にやっちゃったんだ」と義重に怒りをぶつけたという。『吾妻鏡』には「件の女子を帥六郎《そちのろくろう》に嫁せしむ」と記されているので、これもおそらく嫁取婚だろう。それにしても頼朝・政子夫婦の板挟みに遭った新田義重は気の毒である。

北条政子の「後妻打」

前述したように、鎌倉時代には1人の正妻を定める「一夫一婦制」が成立していたが、周知のように身分の高い男性は他に多くの側室を持った。

しかし源頼朝は、武士の頂点に立った権力者の割には、側室が少ない。これは北条政子が嫉妬深かったことが一因と言われる。

頼朝の御所に仕える女官で、大進局《だいしんのつぼね》という女性がいた。頼朝は政子には内緒でこの女性に手を出し、文治《ぶんじ》2年（1186）2月に男の子が産まれた。これを知った政子は激怒した。この結果、本来なら行われる出産のお祝いの儀式は全て省略されたという。

政子の怒りはその後も解けず、建久2年（1191）1月には、頼朝は大進局に上洛を命じた。事実上、鎌倉からの追放である。大進局は伊勢国に所領を与えられた。手切れ金ということだろうか。翌年、大進局が産んだ男子は上洛して出家し、仁和寺《にんなじ》に入った。後の貞暁《じょうぎょう》である。『吾妻鏡』は「御台所の御嫉妬甚だしき」などと記しており、一連の措置が政子の強い意思に基づくことは明白である。

頼朝が他の女性に心を寄せることに、政子が激しく嫉妬した事例はこの一件だけではなく、これより過去にも存在する。

寿永《じゅえい》元年（1182）8月、政子は男児（のちの頼家）を出産した。ところが政子の妊娠・出産中、頼朝は密かに愛妾の亀《かめ》の前を伏見広綱の屋敷に囲い、しばしば通っていた。11月、北条時政の後妻（政子の継母）である牧《まき》の方が政子にこのことを伝えた。政子は激高し、牧の方の父である牧宗親《むねちか》に命じて広綱の屋敷を破壊させた。広綱と亀の前はほうほうの体で大多和義久《おおたわよしひさ》の屋敷に逃げ込んだ。

これを知った頼朝は義久の屋敷を訪れ、牧宗親と伏見広綱を呼び出した。広綱に報告させた後、宗親に申し開きをさせた。しかし宗親は上手く弁明できなかった。怒った頼朝は宗親を以下のように叱責した。「政子を尊重するのは良い心がけだ。しかし今回のような件では、表向きは政子の命令に従いつつ、こっそり私に伝えるべきだろう。すぐに広綱の屋敷に行って破壊するとは何事だ」と。さらに頼朝は自ら宗親の髻《もとどり》を切ったという。

髻とは頭髪を頭上に集めて束ねた部分のことで、冠や烏帽子《えぼし》（烏色の袋状の被り物）を固定するのに用いた。この時代、成人男性が人前で頭頂部を露出することは恥とされており、頭に被り物をするのが習わしであった。したがって髻を結うことは成人男性の証でありマナーである。髻を切られるのは、現代で言えば下半身露出に等しい恥辱であった。宗親は泣いて逃亡したという。

北条時政は頼朝の仕打ちに怒り、一族を連れて伊豆へ帰った。また政子の憤りが収まらなかったため、頼朝は広綱を遠江に配流した。

政子の行為は「後妻打《うわなりうち》」という慣習に類似している。後妻打とは、前妻が親しい女たちをかたらって後妻を襲い、家財などを打ちこわし濫妨《らんぼう》をはたらくことを言う。うわなりとは、古語で前妻を意味する「こなみ」に対する後妻、次妻に相当し、また第二夫人、妾を指すことも多い。

藤原道長《みちなが》の日記『御堂関白記《みどうかんぱくき》』や『宝物集《ほうぶつしゅう》』などに「うはなりうち」の記述があるので、

平安時代からあったことが確認される。

江戸時代になると、後妻打のやり方もルール化されたようで、『昔々物語』に武家や町方における作法が解説されている。

これによれば後妻打は、男性が妻を離別して1カ月以内に後妻を迎えた時に行われる。まず前妻方から後妻の家に使者を送り、何月何日に後妻打を行うこと、使用する道具などを通告する。後妻側も仲間の女性たちを集め、道具を準備して応戦した。

一般に刃物は用いず木刀や棒、竹刀などで互いに打ち合うとされる。しかし、木刀や棒を使うと大怪我につながるので、あまり使わなかったという。前妻側は後妻宅の台所から乱入し、鍋・釜・障子などを破壊する。折を見て仲人らが仲裁した。政子の行動も後妻打の慣行に従ったものと考えられる。

とはいえ、それでも北条政子の怒りは異様に映る。当時の貴人が多くの側室・妾を持つのは当たり前のことであり、ことさら目くじらを立てる必要はないように思える。

これには政子の立場の不安定さも影響していると考えられる。結婚時の頼朝は流人であったが、その後、頼朝は武家の棟梁となった。伊豆の中規模の豪族である北条氏の娘にすぎない政子は、頼朝と身分的に不釣り合いになってしまった。政子が正妻の座から引きずり降ろされても不思議はなかったのである。そんな焦りが、政子を過激な行動に駆り立てたのではないだろうか。

中世百姓の「家」と結婚

さて、ここまでは貴族や武士の話をしてきた。では、百姓の場合はどうだったのだろうか。

中世百姓の「家」に関する史料は乏しいので、研究がなかなか進展してこなかった。この問題に初めて本格的に取り組んだ坂田聡氏は、男系で嫡継承される永続的な百姓の「家」の成立は、貴族や武士よりもずっと遅く、15世紀から16世紀まで下ると主張している。

坂田説の主要な根拠は、2つある。第1点は、夫婦別財である。中世前期の百姓の財産所有形態は夫婦別財だった。すなわち夫婦が別々に財産を持っている。仮に離婚した場合、妻の財産は夫に没収されることなく、妻の手元に戻った。夫婦別財だから、夫婦がセットで1つの「家」を構成しているわけではない、と坂田氏は説いている。

第2点は、夫婦別姓である。中世前期の百姓は、夫婦が別の姓を名乗っていて、結婚後も女性はそれまでの姓を変えずに用いている。結婚後も、夫と妻は別々の氏に属し続けたので、家に固有の家名を先祖代々受け継ぐということはなかった。だから、夫婦が1つの「家」を構成していない、と坂田氏は述べている。

要するに財産も別で姓も別だから、中世前期には百姓の「家」は未成立である、というのが坂田氏の主張である。

この坂田説を、最近高橋秀樹氏が批判している。第1点について、中世前期の百姓は夫婦別財だと言うが、『実隆公記《さねたかこうき》』など古記録を見る限り、戦国時代の貴族の「家」でも、妻は自分の財産を持っている。

南蛮人（スペイン・ポルトガル人）のルイス・フロイスの証言も注目される。ルイス・フロイスはポルトガルからキリスト教布教のために来日したイエズス会の宣教師である。彼は『日欧文化比較』という、日本とヨーロッパの文化を比較する本を書いている。この本にフロイスは「ヨーロッパでは財産は夫婦の間で共有である。日本では各人が自分の分を所有している。時には妻が夫に高利で貸付ける」（第2章30項）と記している。夫婦が財産を別々に分けて持っていたからと言って、「家」が未成立ということにはならないのである。

何をもって中世的「家」の成立とみなすかという基準については既述したが、高橋氏は中世的「家」において最も重要なのは土地や金銭ではなく、家業や社会的地位の継承であると論じている。先述したように、家業とはその家で専門にやる業務である。貴族にしても、武士にしても、商家にしても、子々孫々、同じ仕事をずっと続けていく。更に言うと社会的地位を継承していく。摂関家の場合、摂政・関白という地位を、父から子へと継承していく。そういった家業や社会的地位が継承されていくことが、中世的「家」において一番重要なので、不動産や動産を夫婦が共有しているか否かは大した問題ではない、と高橋氏は主張している。

第2の夫婦別姓についても、高橋氏は坂田氏の見解を批判している。高橋氏は、夫婦別姓という表現は適切ではなく、「夫婦別氏・夫婦同名字」であると説く。現代では氏と名字が同一視されるが、中世では両者は全く異なる。

前近代を通じて、貴族や武士であっても、夫婦は別の氏を名乗っていた。氏とは、いわゆる源平藤橘《げんぺいとうきつ》などのことである。言うまでもなく氏は生まれながらのものだが、名字は事実上、現住所を指すものだった。よって、結婚したり、移住したりすることで、名字はどんどん変わっていく。

一例を挙げよう。祖父から伊豆国河津荘《かわづ》を譲られて、河津次郎《じろう》を名乗った祐親《すけちか》、すなわち河津次郎祐親は、伊東《いとう》荘に本拠を移すと、伊東次郎と名乗っている。そして河津荘は嫡男の祐泰《すけやす》に譲っている。なお、この祐泰は有名な曽我兄弟の父親にあたる。祐泰は河津荘を拠点としたので、河津三郎を名乗った。

つまり、父親が伊東次郎祐親で、息子が河津三郎祐泰という形で、父子で名字が違う。もちろん父子だから氏は同じだが、同じ名字を名乗るという発想はない。逆に夫婦は、氏が違っても同じ場所で生活しているので、名字は同じになる。稲毛《いなげ》重成《しげなり》に嫁いだ北条時政の娘（政子の姉妹）は「稲毛の女房」と呼ばれている。

夫婦が家名として同一の名字を名乗ることが法的に義務づけられるのは、明治民法によってである。だから、名字を代々受け継いでいないからといって、「家」が成立していないということにはならない、というのが高橋氏の主張である。私も高橋氏の見解に従いたい。

中世前期の段階の百姓がどういう形で結婚したかについても、史料が乏しく、ほとんど不明である。中世後期になると、村掟が様々な村で作られるようになり、それが現在まで伝わっている。村掟の中には、その村の外の男と結婚した女性は村の神事の構成員から外すという規定が見られる。

なぜ外すのか。村の外の男性と結婚した女性は、村から出ていってしまう。だから村の神事から外す、と解釈できるだろう。女性が男の家に行くのだから、遅くとも中世後期には、村でも嫁取婚をやっていたと考えられよう。

中世女性の離婚

ここまで結婚の話をしてきたので、離婚の話もしておこう。通説では、中世の女性は自由に離婚ができたと考えられてきた。

ルイス・フロイスは著書『日欧文化比較』の第2章で、日本の女性とヨーロッパの女性を比較している。

まず「ヨーロッパでは、妻を離別することは、罪悪である上に、最大の不名誉である。日本では意のままに幾人でも離別する。妻はそのことによって、名誉も失わないし、また結婚もできる」（31項）とある。「（ヨーロッパでは）汚れた天性に従って、夫が妻を離別するのが普通である。日本では、しばしば妻が夫を離別する」（32項）とも記している。

キリスト教は基本的に離婚に否定的なので、ヨーロッパでは簡単に離婚はできない。だが日本ではそうではない。ルイス・フロイスは日本における離婚の自由に驚いているのだ。

さらに「ヨーロッパでは、生まれる児を堕胎することはあるにはあるが、滅多にない。日本ではきわめて普通のことで、二十回も堕した女性があるほどである」（38項）、「ヨーロッパでは嬰児《えいじ》が生まれてから殺されるということは滅多に、というよりほとんど全くない。日本の女性は、育てていくことができないと思うと、みんな喉の上に足をのせて殺してしまう」（39項）と記す。

ルイス・フロイスはどうも話を面白くする傾向があるので、この辺りの記述をどこまで信じていいのかという問題はある。しかし、キリスト教社会であるヨーロッパよりは堕胎に対する抵抗感が少なかったことは事実だろう。

堕胎が簡単にできるということは、女性が容易に性交渉を行えることを意味する。実際、フロイスは「ヨーロッパでは未婚の女性の最高の栄誉と貴さは、貞操であり、またその純潔が犯されない貞潔さである。日本の女性は処女の純潔を少しも重んじない。それを欠いても、名誉も失わなければ、結婚もできる」（1項）とも記している。中世の日本女性は悪く言えば貞操観念が乏しく、良く言えば性愛の自由を持っていたということになる。

他にも「ヨーロッパでは修道女の隠棲および隔離は厳重であり、厳格である。日本では比丘尼《びくに》biquinisの僧院はほとんど淫売婦の街になっている」（43項）といった記述もある。

ここまで来ると仏教への偏見が入っているように思える。ただ網野善彦《あみのよしひこ》が指摘しているように、日本の女性を褒めている箇所もあるので、全てをフロイスの差別意識で片付けるわけにはいかない。

日本側史料も中世女性の「性愛の自由」を裏付けているように見える。中世の絵巻物を見ていると、一人旅をしていると思しき女性がしばしば見られる。ここでは『一遍聖 絵《いっぺんひじりえ》』巻六第一段の、三島社参詣の場面を取り上げたが、被り物などで顔を隠している人は、基本的に女性と考えられている（図版①）。

また、参籠の形態からも、女性の性愛の自由がうかがえる。『石山寺縁起絵巻《いしやまでらえんぎえまき》』を事例として挙げよう。女性がお寺に籠って、神仏に祈っている。こうした参籠においては、参詣者は基本的に堂舎の中に泊まる。お寺に泊りがけでお祈りするので、絵巻に描かれているように、お堂の中で女性がグーッと寝ることもある（図版②）。

女性が一人で寺にやって来て、見ず知らずの男性も寝泊りするお堂の中で一夜を明かしている。現代的な感覚で言えば、あまりに不用心である。状況を考えれば、行きずりの男性と肉体関係を持った可能性が十分に想定できるのである。

この点で、御伽草子《おとぎぞうし》の『物《もの》くさ太郎《たろう》』も興味深い。ものくさ太郎は、働かず寝てばかり

の怠け者だったが、他の村人たちに頼まれて、村に課せられた仕事を行うために、上洛した。上洛した太郎は今までと打って変わって働き者になったが、なかなか嫁が見つからない。そこで「辻捕《つじとり》をしよう」と考える。

さて「辻捕」とは何か。『物くさ太郎』には、「辻捕とは、男も連れず、輿車《こしくるま》にも乗らぬ女房の、みめよきが、わが目にかかるを取るぞ、天下の御許しにてあるなり」とある。男も連れず、輿や牛車にも乗っていない美人で、「あの女性良いな～」と自分のお眼鏡にかなった人を取ることを「辻捕」と呼び、それは社会的に容認されていると言うのである。

実際、太郎は、清水寺の門前を通りかかった美人をナンパする。「俺の妻になれ」と声をかける。

図版① 『一遍聖絵　巻六第一段』

中世にはいわばナンパの自由があって、女性の側もそれに応じることができたことを『物くさ太郎』は示唆しているのである。

離婚・再婚の男女不平等

網野善彦は前掲の『物くさ太郎』を引いて「道を行く女性に対する「女捕《めとり》」「辻捕」は、中世の法令で厳しく禁じられているにもかかわらず、一方で、「天下」の許すところともいわれ、供もつれず、輿にも乗らず旅する女性を「女捕」ることは、社会的に「公認」されていた一面もあったのである」と結論づけている。もちろん後で触れるように、「辻捕」は暴力的な拉致・強姦を含むものであったが、『物くさ太郎』のようなナンパもあり、それに応じる女性もいた、と網野は考えた。

図版② 『石山寺縁起絵巻　巻二第一段』

要するに、中世の女性は自由に恋愛ができて、自由に男性と関係を持てる、だから必然的に離婚や再婚も自由にできる、という議論である。もっとも網野は、南北朝時代以降は、女性の自由が次第に失われていくとも述べている。

この性愛自由説に対しても、高橋秀樹氏が批判を加えている。鎌倉幕府が制定した武士の基本法典に「御成敗式目《ごせいばいしきもく》」がある。式目34条の前半は人妻と密通した御家人（鎌倉幕府に仕える武士）への処罰が、後半は辻捕を行った武士への処罰が規定されている。34条前半を読む限りでは、人妻と不倫してはいけないという倫理観は中世社会に存在していた。

また、人妻と密通した姦夫（間男）が夫に殺されるという事例は平安時代から散見される。

独身女性ならともかく、既に夫を持っている女性が、他の男性と自由に性的関係を持てるという事態は、高橋氏が指摘するように、やはり考えにくい。

加えて、式目21条も注目される。21条は、夫から財産分与を受けた正妻・妾が離別された場合に、その財産をどう処理するかに関する規定である。それによれば、妻妾に落ち度がある場合は、前夫から譲られた所領を返還しなくてはならない。だが若い新妻と結婚するために、古女房を捨てた場合は、既に譲った所領を取り戻すことはできない。

逆に言えば、財産放棄さえすれば、夫の側が何の落ち度もない妻を離縁することは許されるのである。妻が不倫したとか、子どもを産まないとか、そういう欠点がなかったとしても、単に若い女に乗り換えたいというだけでも、離婚は可能である。

では女性は自由に離婚できたかというと、どうも疑わしい。夫が妻を「棄てる」「逐う」という記述はあっても、逆の表現は見当たらないからである。フロイスが語るように、妻の側から離婚を切り出すことが本当にできたのか、より一層の検討が求められる。

さて式目24条は、亡夫から所領を譲られた後家（未亡人）の再婚を抑止している。もし再婚した場合は、亡夫から譲られた所領を亡夫の子息に引き渡せと規定している。

この条文は一義的には、御家人の「家」の所領保全を目的としている。御家人の後家が他氏の男性と再婚すると、御家人所領が他氏に流出してしまう。この所領流出を避けるのが立法趣旨である。

だが、一方でこの条文は「須《すべから》く他事を抛《なげう》ちて夫の後世を訪ふべき」と記している。「後家は亡夫の菩提を弔うべき」という倫理観も垣間見え、死別後の再婚への道徳的非難が感じられる。事実、北条政子や日野富子を見ても分かるように、夫を失い後家となった女性は出家することが慣例だった。

これは中世的「家」が男系継承されることと関わりがある。中世的「家」が男性中心である以上、嫁いだ女性は婚家に従属せざるを得ない。

右のような中世における女性の地位低下という認識は、日本の女性史の祖とされる高群《たかむれ》逸枝《いつえ》以来の古典的なものである。特に南北朝時代が画期とみなされ、この時代に母系制から家父長制への転化が起こり、それに連動して女性の地位が急速に下落したと想定された。網野善彦も高群説に大きく影響を受けている。

網野の南北朝期画期説に対しては、永原慶二の批判があり、最近では後藤みち子氏も批判している。永原は、南北朝期以降の経済発展の中で、農業・商業・手工業などの分野で女性が活躍することをもっと評価すべきと主張した。

右の論争については後述するが、いずれにせよ、中世的「家」が男系継承を原則としている以上、男性優位は揺るがない。離婚や再婚についても男女が平等であったとは考えがたい。女性史研究は「昔は女性は自由だった」と古代・中世を理想視する傾向があり、相対化していく必要がある。

中世の「妻敵打」

先ほど平安時代にも夫が妻の不倫相手を殺害することはあった、と述べた。この場合、当然のことながら夫は殺人の罪に問われた。御成敗式目でも、人妻と密通した武士は所領の半分を没収、所領のない武士は遠流《おんる》に処す、と規定されている。つまり間男が命を奪われることはない。

しかし当時、夫が間男を殺害することは「妻《め》敵 打《がたきうち》」と呼ばれ、これを容認する社会通念があった。この野蛮な風習については、戦国時代に来日した宣教師も言及している。

特にこの傾向は、武家社会において顕著である。中世的「家」においては、妻は夫の支配下にある。現在でも妻を寝取られることを不名誉と感じる男性は多い。中世武士の場合は、なおさらだった。別の男が妻と密通することは、夫から見れば自身の権利・財産に対する侵害である。自身への攻撃に反撃しなければ、武士は己の地位を守れない。

戦国時代には、戦国大名が自分の分国を統治するために法律を制定した。これを分国法という。これらの分国法では、「妻敵打」を許容する規定が散見される（「塵芥集《じんかいしゅう》」「六角氏《ろっかくし》式目《しきもく》」「長宗我部氏掟書《ちょうそかべしおきてがき》」など）。勝俣鎮夫《かつまたしずお》氏の研究に導かれつつ、簡単に紹介しておこう。

「妻敵」を殺して良いと言っても、問答無用で殺害できるわけではない。２つの条件のいずれかを満たす必要があった。第１の条件は、不義密通した自分の妻も、情夫と一緒に殺さなければいけない、というものである。第２の条件は、密通している現場で情夫を殺害しなければならない、というものであった。

なぜこのような条件がつくかと言うと、要はでっち上げ殺人を防ぐためである。ある武士が気に食わない男を殺したいとする。しかし、この時代でも、理由なく人を殺せば殺人罪に問われる。そこで「あいつは俺の妻と不倫していた」という罪を捏造して殺害してしまう。つまり、気に食わない奴を殺したいけれど罪に問われないようにするために、自分の妻を寝取られたから殺したと虚言を吐く者が出てくる恐れがある。

それを回避するために、情夫だけでなく妻も一緒に殺せと規定しているのである。不倫が虚偽なら、何の罪もない自分の妻を殺せないはずだ、という発想である。

密通現場を押さえた場合も、でっち上げではないことを証明できる。自宅に戻った時に寝所で自分の妻と他の男が裸で抱き合っていれば、これは現行犯であり、誰の目にも不倫であることは明白である。『今昔物語集《こんじゃくものがたりしゅう》』『沙石集《しゃせきしゅう》』などの説話集では、密通を疑った夫が「しばらく家を空ける」などと妻に嘘をついて、密通の確たる証拠を得ようとしている。

とはいえ、密通現場に本夫が踏み込んできたら、姦夫は当然逃げようとするので、寝所で仕留めるのは存外難しい。実際には戸外で姦夫を殺害する事例もあり、こうなると「妻敵打」の正当性が揺らいでしまう。ただの殺人事件と見られかねないからである。

自宅で妻と密通していた姦夫を殺害できるのは、主人の「家」支配権とも関わりがある。中世においては、自宅に不法侵入してきた者を主人が殺害することは認められていた（「塵芥集」「今川かな目録」など）。ルイス・フロイスも『日欧文化比較』に「われわれの間ではそれをおこなう権限や司法権をもっている人でなければ、人を殺すことはできない。日本では誰でも自分の家で殺すことができる」（第14章5項）と書き綴っている。

自宅で妻と密通する間男は不法侵入者だから、夫は間男を殺害できる。しかし妻の側が姦夫の家に通って不倫をしたとなると、これに対する制裁は難しい。本夫が姦夫の家に乗り込んだら、本夫が不法侵入者になってしまう。

フロイスは同書で「ヨーロッパでは既婚または未婚の女性が、何かたまたま起こった出来事のために、どこかの紳士の家に身を寄せたならば、そこで好意と援助を受けて、無事に置かれる。日本ではどこかの殿tonoの家に身を寄せたならば、その自由を失い、捕われの身とされる」（同58項）と記している。

鎌倉後期の宮廷女房が著した日記文学『とはずがたり』には、作者が旅の途中に備後国和知《わち》郷の武士である和知氏の家に泊まり、後に和知氏の兄の家に移ったところ、和知氏が「年来の使用人を兄に奪われた」と怒り、兄弟ゲンカに発展したという逸話が見える。文学的誇張もあろうが、一時的に自宅に宿泊した者であっても自己の支配下の人間とみなす中世武士の認識がうかがえる。

中世の財産相続

再三述べてきたように、中世的「家」は永続を求められているので、家産を子孫にどのように配分するかは核心的な問題である。中世史学界は、中世の財産相続のあり方について深い関心を抱き、膨大な研究成果を積み重ねてきた。まずは、先行研究に基づき、通説を紹介する。

中世の財産相続は分割相続から嫡子単独相続へと移行した。中世前期（院政期・鎌倉期）には、ある程度の差を持たせながらも、男女諸子に比較的均等に配分する分割相続が一般的だった。

しかし、中世的「家」を存続させるためには、家産が固定的に継承されることが望ましい。したがって中世的「家」には単独相続が適合的だった。

にもかかわらず中世前期において分割相続が主流だったのは、落ち度がない子の相続権を親が排除することが困難だったからである。

ただ分割相続は、財産が拡大し続けることを前提としている。そうでなければ、分割相続を繰り返していくと、1人当たりの財産がどんどん少なくなってしまう。財産が増え続けないと、分割相続は機能しないのである。

そして中世において、財産の中核をなしたのは不動産、すなわち所領である。中世初期にあたる院政期は、院権力の主導によって大開発が行われて、新しい荘園が次々と立てられた。よって公家たちの所領はどんどん増えていった。

けれども、大開発時代が終わると、もう耕地は増えない。鎌倉時代になると武士が勢力を伸ばすので、公家の所領はかえって減少していく。

武士の世界でも、所領拡大は限界に達していった。鎌倉中期以降は、戦乱が収束し平和になる。合戦がないと、戦功を立てて恩賞として所領を新たに獲得できなくなる。所領が増えないのに、分割相続を繰り返していると、所領はどんどん細分化されてしまう。そうなると、所領を譲られても生活できない。猫の額のような土地を各々耕すというのは非効率的で、結局共倒れになってしまうのだ。

しかも、世代交代が進めば進むほど、最初は兄弟でも次世代は従兄弟になり、更には、又従兄弟になり、とどんどん血のつながりが薄くなっていく。本家と分家の距離が広がって、一族の結束が緩むという弊害も生じた。

そこで鎌倉後期になると、基本的には、嫡子に所領のほとんどを譲る形に移行していく。庶子（嫡子以外の子）や女子に所領を譲った場合は、その所有権は生前に限られるようになる。庶子や女子が亡くなった後は、その庶子や女子は自分の子どもにその所領を譲ることはできない。死んだ後は、嫡系、本家の方に所領を返すのである。このような被譲渡者に処分権がない所領を一期分《いちごぶん》という。

さらに鎌倉末期から南北朝期にかけて嫡子単独相続が確立し、庶子への財産譲渡が非常に限定されるようになる。また女子への財産分与も否定される。結果、庶子や女子は嫡子に「扶持《ふち》」される立場に転落し、嫡子に従属するようになる、というわけだ。

こうした通説に対し、永原慶二はあまりに直線的・図式的な理解であると批判を加え、中世後期になっても女性の所領相続はなお全面的には否定されていないと説いた。田端泰子氏も、室町・戦国時代でも女子分《じょしぶん》（娘に譲渡する所領）を設定した「家」があったことを指摘している。

後藤みち子氏は、同じ「扶持」でも、庶子と女子では扱いが違うと主張している。宝徳《ほうとく》3年（1451）、毛利熙元《ひろもと》は嫡子豊元《とよもと》に基本的に全ての所領を譲っている。この際、豊元の兄弟に対しては豊元が「扶持」するよう熙元は命じている。一方、女子に対しては熙元が一期分を与えている。男性である兄弟は新たな家督に仕えるが、姉妹にはそのような政治的役割がないので、父親が「扶持」するのである。

戦国時代には武家の女性が嫁ぐ時に、「化粧料《けわいりょう》」という所領をもらうことがあった。これは持参金のようなもので、婚家で娘が肩身の狭い思いをしないようにという親心に基づく。ただし、これも一期分である。自分が死んだら終わりで、子どもに譲ることはできない。特別な契約がない限りは、本人の死後、女性の実家に所領は返還される。所領が他家・他氏に流出することを避けるための措置である。

さて徳川家康《とくがわいえやす》の孫娘の千姫《せんひめ》は豊臣秀頼《とよとみひでより》と結婚したが、大坂夏の陣で秀頼が自害すると、桑名藩主本多忠政《ほんだただまさ》の嫡男である本多忠刻《ただとき》と再婚した。この時、将軍である徳川秀忠《ひでただ》は娘の千姫に10万石もの化粧料を与えたという。きっと忠刻は千姫に頭が上がらなかっただろう。

中世武士の兄弟関係

中世武士の「家」における女子の位置づけに続いて、兄弟関係について説明したい。従来は主に相続問題の観点から検討されてきたが、近年は別の視点から中世武士の「家」における兄弟関係に迫る研究も現れている。

鎌倉武士の場合は、兄弟で分業をしていたことが判明した。鎌倉幕府が成立すると、幕府に仕える御家人はしばしば鎌倉を訪れるようになった。たとえば現在の群馬県だとか栃木県だとか、あるいは山梨県に住む御家人であっても、幕府の用事でしょっちゅう鎌倉に行かなくてはならなくなった。

いちいち鎌倉で宿を探すのは面倒なので、ある程度有力な武士は鎌倉にも拠点を作った。京都に六波羅探題《ろくはらたんだい》（鎌倉幕府が朝廷を監視するために設置した出先機関）が成立すると、御家人たちは京都にも拠点を置いた。つまり本拠地・鎌倉・京都と、3つ拠点ができる。そうなると、それらの拠点を1人で回るのは難しいので、父と兄と弟、3人で3カ所を分担するといった、兄弟分業が進んでいった。

この傾向は南北朝時代になっても続くと、田中大喜氏は指摘している。田中氏は「兄弟惣領」という概念を提起した。「惣領」とは一族の統率者のことで、一般的には嫡子がその任に就いた。惣領は一族による所領支配・公事《くじ》負担（幕府から課せられた人的・物的奉仕）などに指導的役割を果たし、合戦の際には庶子を率いて参戦した。通常、惣領は1人だが、南北朝期には兄弟2人で惣領を務める事例がしばしば見られると田中氏は説く。

南北朝時代は、南朝と北朝が正統性をめぐって争った時代である。この時代の戦乱を学界では「南北朝内乱」と呼ぶ。当然、日本全国あちこちで合戦が起こった。京都の周辺で合戦が起こるのと同時期に、自分の本拠地でも合戦が起こるという状況が頻発した。

こうした内乱状況に対応すべく、惣領が京都周辺で活動する一方、惣領の弟が留守を預かり庶子・家臣を統率する、というパターンがしばしば見られる。惣領の弟、すなわち庶子は複数いることが多いが、その中の1人（惣領の同母弟など）が惣領の権限を代行したのである。

右に見える「特別な舎弟」は他の庶子たちの上に立つ存在である。したがって、事実上、惣領が2人いることになる。この惣領と「特別な舎弟」が惣領権を共有して庶子たちを率いる南北朝期特有の構造を、田中氏は「兄弟惣領」と名づけたのである。

この「兄弟惣領」という構造に対応して、南北朝期には特殊な相続形態が生まれる。それは、兄と弟の2人で所領を折半する兄弟均分相続である。先述の通り、これまでの研究では、武士の相続法は分割相続から嫡子単独相続へと移行する、と理解されてきた。田中氏はこの通説に依拠して、兄弟惣領による均分相続を分割相続から嫡子単独相続への移行プロセスにおける過渡的形態と位置づけている。

つまり田中説は、分割相続（相続者多数）→兄弟均分相続（相続者2人）→嫡子単独相続（相続者1人）という構成になっている。しかしながら、武士の相続形態が分割相続から嫡子単独相続へと不可逆的に進行する、という通説は正しいのだろうか。

拙著『戦争の日本中世史』（新潮選書）で明らかにしたように、鎌倉後期段階で既に嫡子単独相続になっている武士の「家」でも、南北朝時代に分割相続に逆戻りしている事例が少なくない。

私は、兄弟惣領は南北朝時代という戦争の時代に対応した非常に特殊なあり方であると考えている。列島各地で同時多発的に紛争が勃発しているからこそ、惣領が戦死する確率が高いからこそ、惣領の代官もしくはスペアとして「特別な舎弟」が必要なのである。ゆえに戦乱が収束すれば、兄弟惣領の構造を維持する理由はなくなる。兄弟均分相続という相続形態は「非常時」を乗り切るための危機管理策と考えられよう。

最後に、百姓の相続についても簡単に触れておこう。坂田聡氏の研究によれば、百姓の場合は中世前期も中世後期も分割相続である。ただし、中世前期においては、比較的均分に近い分割相続だが、中世後期になると、なるべく嫡男に財産を集中させるようになる。いわば不均等な分割相続を経て次第に嫡子単独相続に傾くわけだが、戦国時代になっても分割相続慣行は残存する。嫡子が財産の主要部分を相続しても、分家を否定せず、それぞれが代々継承される家産を成立させて、固定的な本家―分家関係を作り上げていくのである。

中世の教育

日欧の教育の違い

いつの時代にも教育は存在するが、時代時代によって何を勉強するか、何を教えるかは当然異なる。教育内容、すなわち当時の人たちがどんなことを学んでいたかを知ることで、その時代の価値観や慣習も分かる。その意味で中世の教育を知ることは、教育史の研究者だけでなく、中世社会を理解しようとする全ての人に必要なことと言えよう。

本書では既におなじみの、ルイス・フロイスの『日欧文化比較』（本書48P）から見ていきたい。この本の中には、教育に関する記述もいくつかある。

たとえば「われわれの間では女性が文字を書くことはあまり普及していない。日本の高貴の女性は、それを知らなければ価値が下がると考えている」（第2章45項）とある。フロイスによれば、ヨーロッパの女性はあまり文字を書かないが、日本の場合、身分の高い女性は文字を書けるという。

ただし、日本中世の女性は仮名文字を書いていた。中世の女性の手紙はそれなりに残っているが、基本的に、それらは平仮名で書かれている。漢字も知っていたかもしれないが、あまり書かなかった、書く機会はなかったということになる。なお、男性が女性に宛てて手紙を書く時も、平仮名を用いるのが原則だった。

他に「われわれの間では普通鞭で打って息子を懲罰する。日本ではそういうことは滅多におこなわれない。ただ言葉によって譴責《けんせき》するだけである」（第3章7項）という記述もある。これは私たち現代人にとっては耳の痛い言葉ではないだろうか。中世の日本においては、体罰は行われていなかったというのである。体罰はせず、言葉で叱るのだという。今、学校や部活動での体罰が非常に問題になっているので、そういう点では、昔の方が立派だったのではないかという気さえしてくる。

次の一節は極めて重要である。「われわれの間では世俗の師匠について読み書きを習う。日本ではすべての子供が坊主bonzosの寺院で勉学する」（同8項）とある。武士や百姓の場合、お寺で勉強するのだという。周知のように江戸時代になると、寺子屋ができて、庶民はそこで勉強した。実は中世においても、江戸時代の寺子屋の元になるような教育システムが既に存在しており、子どもたちはお坊さんに読み書きを習っていたのである。

中世の子どもたちはどのように学んでいたのだろうか。ルイス・フロイスは、「われわれの子供は始めに読むことを習い、その後で書くことを習う。日本の子供はまず書くことから始め、後で読むことを学ぶ」（同9項）と語る。フロイスは日欧の違いを強調し、ことさら対照的に語るので、それをどこまで信じて良いかは難しい問題である。とりあえずフロイスの言葉を信じるならば、日本の場合、まず書く、習字の部分を重視していた、ということになる。

教育内容の違いとして注目されるのは、「われわれの教師は、子供たちに教義や貴い、正しい行儀作法を教える。坊主は彼らに弾奏や唱歌、遊戯、撃剣などを教え、また彼らと忌わしい行為をする」（同10項）という一節だろう。この「忌わしい行為」とは何のことだろうか。

現代の日本では僧侶が妻帯しているが、これは世界的に見て、極めて珍しい。かつては日本でも僧侶は結婚できなかった。

僧侶は戒律を守って生活しなければならない。戒律のうち、最も重要な禁止事項は不殺生戒（生き物を殺さない）・不《ふ》偸盗《ちゅうとう》戒（盗まない）・不《ふ》邪婬《じゃいん》戒・不妄語戒（ウソをつかない）・不《ふ》飲酒《おんじゅ》戒で、これを五戒という。この不邪婬戒は異性との性的関係を禁じるものである。男性僧侶の場合、女性と性的関係を持つ（女犯《にょぼん》）は禁止されており、違反した者には厳しい処罰が下された。

ただ、この規則は次第に形骸化していき、中世においては僧侶が女性と性的関係を持ち、あまつさえ子どもまで儲ける事例も増えていった。実子を弟子とした場合、これを「真《しん》弟《てい》」というが、こういう言葉が生まれるぐらい、僧侶の女犯は当たり前になっていたのである。

だがタテマエはタテマエであるので、僧侶は大っぴらに女性を側に置くわけにはいかない。では、普段の性欲処理はどうするかというと、お稚児《ちご》さんによって解消するのである。美少年を侍らせて、性的な関係を結ぶということがしばしば見られた。

したがって、「忌わしい行為」とは少年との性行為を指すと思われる。ただ、フロイスのこの記述にはいささか疑問もある。僧侶は性欲処理のために既に稚児を侍らせているので、寺に学びに来た子どもたちを次々と毒牙にかけたかというと、必ずしもそうではないように思う。

ルイス・フロイスはキリスト教の宣教師なので、仏教は商売敵に当たる。だから、僧侶に対しては偏見がある。その点はちょっと割り引いてフロイスの記述を読む必要がある。現代のローマ教会でも、神父による少年への性的虐待が問題になっているので、キリスト教は清く正しくて、仏教が穢《けが》れていると一概には言えないだろう。

武家の道徳教育

では、中世の教育とはどのような内容だったのか、より具体的に見てみよう。まず、武士の家、武家においてはどんな教育が行われていたのだろうか。

武家で重視されたのが道徳教育である。子弟や家臣に日常生活を送る上での規範、ルールを訓戒するのである。戦国時代になると、このようにして己を律しろという生活上の規範を記した家訓が多く作られた。「伊勢《いせ》貞親《さだちか》家訓《かくん》」「朝倉孝景条々《あさくらたかかげじょうじょう》」「早雲寺《そううんじ》殿廿一箇《どのにじゅういっか》条《じょう》」「北条《ほうじょう》氏綱公《うじつなこう》御書置《おかきおき》」など、枚挙に暇《いとま》がない。

ただ、これらの家訓を本当に本人が書いたのかどうかは、実のところ怪しい。たとえば「早雲寺殿廿一箇条」は、有名な北条早雲（伊勢宗瑞《いせそうずい》）が作った家訓ということになっているが、本当に早雲が作ったかという点については、疑問視する声もある。つまり、別の人が北条早雲の名前を騙《かた》って後代に作った可能性がある。

ただ、「早雲寺殿廿一箇条」は、早雲の出身である伊勢氏（本書215P）の故実書と内容面での共通点が多い。このため、早雲ではないにせよ、北条氏関係者の制作であると考えられている（ただし近年は早雲作という説が再提起されている）。

こうした家訓は数多く書写されたらしく、現在でも写本が相当数残っている。どうも家訓と言っても、その家限定で流通していたのではなく、武家社会全般で利用されていたようである。武家奉公におけるごく一般的な心得が内容の大半を占めており、別に機密情報が記されているわけでもないので、外への流出には無関心だったのだろう。

戦国時代になる前、中世前期の家訓にはどのようなものがあるだろうか。有名な家訓として「極楽寺《ごくらくじ》殿《どの》御《ご》消息《しょうそく》」が挙げられる。鎌倉幕府の執権を務めた鎌倉北条氏の一族に、極楽寺北条氏という家があるが、この極楽寺北条氏の北条重時という人が作ったと言われている家訓だ。

これも本当に北条重時が作ったのかどうかは疑問視されているが、少なくとも南北朝時代までに制定された家訓であることは、確実視されている。これを読んでいくと、こんなことまでわざわざ家訓に書かなければいけないのかと驚かされる。

いくつか紹介しよう。11条には、「なげし（長押）の表に竹くぎ（釘）打つべからず。畳のへりふむべからず」とある。畳のへりを踏むななど、要するに、行儀作法を説いている。6条は親の言いつけを聞かない子への訓戒である。親の教訓は少しも違えてはいけない。

親は別に子どもが憎くて小言を言っているわけではない。子どものためを思って叱っているのだ。しかし、その親心を理解して言いつけを聞く子どもは少ない。これは良くないことだから、もう一回考え直しなさい。ダメな子どもを見て嘆く親の心がどれほど辛いものであるかを想像しなさい。逆に子どもが立派に成長した姿を見て喜ぶ親の心がどんなに嬉しいものか考えなさい。それが孝行の道である。大略、そのようなことが書かれている。いつの世も、子を思う親の気持ちは同じなのだろう。

102条は特にレベルの低い教訓である。数珠をいじったり、片手を服の中に入れたり、口を大きく開けて物を食べたりする。そして人前で大っぴらに楊枝を使う。更には唾を遠くまで飛ばす。居眠りをする。口を開けて舌をべーッと出すという、そういうことを主人や親の前でやる。そういう不作法はとんでもないことであると説教している。

こんなことをわざわざ言っているということは、そういう行儀の悪い武士がたくさんいたことを意味する。当時の武家社会では、いかに礼儀作法がなっていなかったかということが良く分かる。

もっとも、時代が下っても武士のモラルはさほど向上しなかったようである。戦国時代の「早雲寺殿廿一箇条」もずいぶん基本的なことを説教している。14条は、嘘をつくな、という内容である。

上に対しても下に対しても、民に対しても、ちょっとでも嘘を言ってはいけない。ありのままでいなければいけない。一度嘘をつきだすと、嘘をつくことが癖になってしまう。そして嘘ばっかりついていると、人に見放される。人に「お前、嘘つきだろう」と言われるのは、これはもう一生の恥と考えなければならない、そのような内容の条文である。

嘘をついてはいけませんというだけの内容を長々と語っている事実から、いかに嘘をつく武士が多かったかがうかがわれよう。

文武両道の勧め

武士を武士たらしめるものとは何か。刀である、と言いたいところだが、中世においてはそうではない。中世社会では上層農民も武装しており、場合によっては刀も持っている。では、武士と、武装している農民を分かつものとは何か。ずばり「弓馬の道」である。馬に乗りながら弓矢を使える人、これが武士である。刀を振り回すぐらいだったら農民でもできるかもしれないが、馬に乗りながら弓矢を放つというのは、非常に高度な技術なので、子どもの頃から訓練しないとできるようにはならない。

したがって、武家では子どもに弓と馬を教え、更には騎射を教える。現在、鶴岡八幡《つるがおかはちまん》宮《ぐう》の祭礼などで行われる流鏑馬《やぶさめ》も、もともとは騎射の稽古法として始まったものである。

極端に言えば騎射さえできれば武士は務まったのだが、鎌倉時代になるとそうはいかなくなった。鎌倉幕府が成立したことで、武士の地位が高まった。それまでは、公家や僧侶のボディーガードというか番犬のような立場だったので、強ければそれで良かった。しかし、武士の政治的な地位が上がると、政治的な能力、為政者としての能力も必要になってくる。弓が使えるとか馬に乗れるだけではダメで、勉強しないといけないということになる。

特に武士たちの頂点である将軍は、弓矢などの武道を学んでいるだけでは済まなくなる。『吾妻鏡』（本書37P）の建長《けんちょう》2年（1250）2月26日条では、当時の執権である北条時《とき》頼《より》が将軍藤原頼嗣《よりつぐ》を諫《いさ》めている。

ちなみに頼嗣は摂家将軍、すなわち摂関家出身の将軍である。良く知られているように、鎌倉幕府では、源実朝が暗殺されたことで、頼朝・頼家・実朝の源氏3代で1回将軍が絶えてしまった。そこで北条政子らは頼朝と縁続きの藤原摂関家の三寅《みとら》を鎌倉に迎え、将軍とした。これが4代将軍の藤原頼経《よりつね》で、頼経の嫡男の頼嗣が5代将軍になった。建長2年当時、頼嗣は12歳である。

この時、時頼は将軍頼嗣に文武の稽古をするべきであると手紙で諫めたという。その結果、「和漢の御学問のため」に中原師連《なかはらのもろつら》・世良田頼氏《せらだよりうじ》が、「弓馬の御練習のため」に安達義景《あだちよしかげ》ら5名が、将軍の御所に待機して、呼ばれたら教えるということになった。

和漢の和は日本のことを指す。漢は中国である。和の学問は、和歌が中心である。そして漢、すなわち漢詩文も勉強する。

さらに「ご学友」も選抜された。将軍が1人で勉強するのは精神的に辛いだろうからと、一緒に勉強してくれるお友達もつけたのである。将軍に仕える御家人の子どもたちの中で、学問が得意な人とか、弓馬が得意な人を選んで、それをご学友にして一緒に勉強させることにしたのである。

武士たちの上に立つ将軍には勉強させなければならないという幕府指導部の認識はその後も続いたようである。弘安《こうあん》7年（1284）に鎌倉幕府が制定した「新御式目」の冒頭には、「一、御学問あるべき事。一、武道を廃れざるの様、御意を懸けらるべき事」とある。ここでも、文武両道が説かれている。

ただ、この新御式目は、誰に対して奏上されたかが明記されておらず、奏上対象について2説が存在する。すなわち将軍の惟康《これやす》親王か、得宗《とくそう》の北条貞時《さだとき》のいずれかである。ちなみに得宗とは、北条氏の本家嫡流の当主を指す。

従来の方針を踏襲していると考えれば、文武両道を求められているのは惟康である。しかし惟康は既に21歳で、「勉強してください」と言うには遅すぎるようにも思う。貞時は14歳なので、本格的に学問を始めるには適切な年齢である。

弘安7年ぐらいになると、将軍がもう名ばかりの存在になっていて、北条氏が鎌倉幕府を支配している状況である。将軍は飾り物なので、別に文武両道でなくとも良く、それよりは、事実上の最高権力者である得宗に勉強させる方が重要である。だから、得宗に文武両道を求めたと考えた方が自然だ、という説が浮上したのである。

学界の現状では得宗説の方が有力である。いずれにせよ、鎌倉幕府のトップにある人間は文武両道でなければいけないという観念があったことは明らかである。

文武両道が必要だという主張は、その後もずっと武士の世界で言われ続ける。「早雲寺殿廿一箇条」の21条にも、「文武弓馬の道は常なり。記すに及ばず。文を左にし、武を右にするは、古の法、兼て備へずんば有るべからず」とある。文武両道をやるのは、当たり前のことで、記すまでもないと主張している。

武家の帝王学

さて将軍など上級武士は具体的に何を読んでいたのだろうか。あまり史料が残っていないのだが、鎌倉幕府3代将軍源実朝の勉強を例に取ろう。

実朝というと、和歌ばかり詠んでいたようなイメージがあるが、和歌だけではなく歴史や政治の勉強もしていた。『吾妻鏡』建暦《けんりゃく》元年（1211）の7月4日条には、実朝が『貞観政要《じょうがんせいよう》』を読み始めたと記されている。読み始めたと言っても、当然、先生がついて実朝に教えるのである。その後の『吾妻鏡』の記事を追っていくと、11月20日に読み終わったことが分かる。

この『貞観政要』という書物は、唐《とう》の2代目の皇帝である太宗《たいそう》と臣下の政治討論や、彼らの事跡を分類編纂して為政者の参考としたものである。盛唐、要するに、唐が一番盛んだった時代の歴史編纂官である呉兢《ごきょう》が編纂して、景竜《けいりゅう》3年（709）に中宗《ちゅうそう》に上進、のち修訂して玄宗《げんそう》に再進した。40編、10巻という大部な本である。

太宗の治世である貞観年間に非常に素晴らしい政治が行われ、それが後代に「貞観の治」として仰がれた。この貞観の治に学び善政を行うため、中国の官僚たちは『貞観政要』を熱心に読んだ。中国だけで読まれたのではなく、日本でも、平安時代以来、天皇や貴族たちに広く読まれた。日本に古写本が多く伝わるほか、元《げん》の戈直《かちょく》が注と議論を加えたテキストが流布した。

それにしても、武士である源実朝も読んでいるのは興味深い。これは、太宗の政治理念の特殊性も影響している。太宗こと李世民《りせいみん》は唐の初代皇帝である高祖《こうそ》（李淵《りえん》）の長男ではなかった。李世民は皇位をめぐって兄の李建成《けんせい》と争い兄を殺して皇帝になったのだ。また皇帝即位後は、貞観4年（630）に北方異民族の国家である東突厥《ひがしとっけつ》を滅ぼすなど顕著な軍事的実績を挙げた。

基本的に、中国は文が上で、武が下に見られる社会だが、軍事的才能も傑出していた唐の太宗は文武両道を非常に重視した。『貞観政要』にも武を重んじる太宗の政治理念が反映されているので、武士にとっても比較的馴染みやすいものだったのではないだろうか。

さて『貞観政要』を読む他に、実朝はどういう形で勉強をしていたのだろうか。『吾妻鏡』建暦3年（1213）の2月2日条によると、実朝はお傍に仕えている、お気に入りの側近たちの中から優れた人を選んで、学問所の番を組んだという。

当番制なので、選ばれた人は、自分の当番の日には、学問所に詰めて待機していなければならない。呼ばれたら実朝の所に行って教えるのだ。

『吾妻鏡』には「和漢の古事を語り申すべきの由と云々」とあり、ここでも和と漢、日本と中国、両方の学問を学ぶことになっている。

ところで『吾妻鏡』では、右の記事の後に、学問所の番に選ばれた人のリストが掲載されており、6人で1つの番にして、合計3つの番を作っている。おそらく、月の上旬、中旬、下旬という形で、三交替制にしているのだろう。

6人で3番編成ということは、全員で18人である。これも、やはり唐の太宗を意識したものと考えられる。太宗は文学館という機関を作って、孔穎達《くようだつ》など18人の優れた学者（十八学士）を招聘《しょうへい》したという。それに倣って、18人という人数にしたのだろう。

少し時代が飛ぶが、南北朝時代の応安《おうあん》7年（1374）に、鎌倉公方の足利氏満《うじみつ》が勉強している様子がうかがえる。足利氏満と言われてもピンとこないかもしれないが、室町幕府の3代将軍、金閣を造営した足利義満《よしみつ》の従兄弟にあたる人物である。氏満は当時、鎌倉公方《くぼう》（本書163P）として関東を支配していたのだが、この氏満が義堂周信《ぎどうしゅうしん》という禅僧から学習アドバイスを受けている。

この時、氏満は16歳であり、元服しているとはいえ、まだ若い。そこで義堂周信が家庭教師的な役割を務めていた。義堂の日記の抄録『空華日用工夫略集《くうげにちようくふうりやくしゅう》』によると、義堂は氏満に『孝経《こうきょう》』と『貞観政要』の講義を受けた方が良いですよ、と助言している。

さて『孝経』とは、孔子が弟子に対して孝について説いたという形式を取った儒家経典である。本当に孔子の言葉かどうかは実は疑問視されているのだが、一応、孔子が語った言葉を書き取ったという体裁になっている。この『孝経』や『貞観政要』の講義を儒学者から受けなさい、と教示されたのである。『貞観政要』が上級武士の必読書になっていたことが推定される。

また、氏満は『吾妻鏡』を所持していた。『吾妻鏡』も読んで勉強していた可能性がある。徳川家康が『吾妻鏡』を愛読していたことは良く知られているが、既に南北朝時代には上級武士の学習対象になっていたことが判明する。

以上のような形で、特に武家の上層クラスは、かなりレベルの高い勉強をしていた。いわば帝王学を学んでいたのである。

一般武士の識字能力

では一般の武士も高い教育を受けていたかというと、かなり疑問が残る。少なくとも、鎌倉時代・南北朝時代の、一般の武士の識字能力は非常に低かったと思われる。

なぜそう論じられるかというと、鎌倉・南北朝時代の譲状《ゆずりじょう》が多く残っており、それらを分析することで、彼らの識字能力が推し量れるからである。譲状とは、子弟らに財産を譲渡する時に作成する文書で、現代でいうところの遺言書である。

たとえば、子息が2人とか3人とか複数いたら、その親は財産を分けなければいけない。その場合、この土地は誰それに、この土地は誰それに、と記された譲状を生前に作成する。自分の死後に子どもたちが財産相続で争うことがないよう、財産分割方法を明記するのである。

武士たちの作った譲状を見ていると、自筆で書かれているものが散見される。ところが、自筆の譲状は、ほとんど平仮名で書かれているのだ。

たとえば「よてのちのために、しひちのゆつり状くたんのことし」と書かれている。「しひち」とは自筆のことで、この譲状は自筆であると明記されているが、ほとんど平仮名で書かれている。漢字は「状」だけである。本来は「仍って後の為に自筆の譲状、件の如し」と書くべきだが、「仍」「後」「自筆」「譲」「件」「如」が書けなかったのだろう。

「しそく（子息）まこ（孫）とらするゆつりしやうハ、みなしひち也」。これも自筆であると明記されているが、やはりほとんど平仮名である。漢字は「也」だけだ。

他にも、「のちのせうもんのためにしひちのしやうなり」といった表現が見られる。これも本来なら「後の証文の為に自筆の状也」と記すべきだが、全て平仮名。「しひちにてかきをくところくたんのことし」。これも「書き置く」などの漢字を用いていない。自筆であると明記されている譲状は、ことごとく平仮名で書かれているのだ。

なぜ譲状を自筆で書くかというと、偽造されることを防ぐためである。財産相続の問題なので、譲渡者の死後、相続人のうち誰かが、自分に有利になるよう、偽の譲状を作る恐れがある。要は「俺がほとんどの土地を相続することになっている」などと偽の譲状を根拠に主張されるとたいへんなことになるので、偽物を作られないように自筆で書いている。

実際、鎌倉幕府の法廷には、兄弟間、叔父甥間などの財産相続争いが結構持ち込まれている。そして両者が提出した譲状の内容が食い違うということがままあった。その場合、どちらかが偽の譲状を出した可能性がある（両方偽物かもしれないが）。

実は鎌倉幕府の法廷は、ちゃんと筆跡鑑定もやっている。筆跡を確認して、どっちが本物の譲状か、という判定を行うのである。だから、譲状を偽造されないためには自筆で書く必要があった。自筆で書いておけば、他の文書と見比べることで本物か偽物か判断できるからである。

しかし、武士が自筆で書く場合は、漢字がほとんど書けないので、平仮名だらけの文書になってしまうのだ。

そのぐらい当時の武士は漢字を書けなかった。けれども、漢字で書かれている譲状もあるし、譲状以外では、結構漢字が使われている文書もある。では、それらは誰が書いたのか。当然、本人ではない。

有力武士の場合は、文筆に優れた者、つまり秘書を雇って、代筆させる。こういう文筆業務を行う役職を公文《くもん》とか沙汰人《さたにん》と呼ぶ。彼らは漢字が書けるので、武家文書の中にも漢字の文書が一定数残っている。

だが、全ての武士が秘書を雇えるわけではない。お金がない武士はどうしていたのだろうか。実のところ、史料がないので良く分からないのだが、おそらく近所の寺院の僧侶などに代筆してもらったと思われる。

以上のように、鎌倉・南北朝時代の武士は、あまり字が書けない。識字能力が高まるのは、たぶん室町期以降だろう。

顕密寺院での高等教育

続いて寺院での教育を見ておこう。1549年11月5日に、鹿児島滞在中のフランシスコ・ザビエル（初めて日本にキリスト教を伝えた人物）がインドのゴアの信徒に宛てた手紙（「大書簡」）で、次のように記している。

「ミヤコの大学のほかに他の五つの主要な大学があって、（それらのうち）高野、根来、比叡山、近江と名づけられる四つの大学は、ミヤコの周囲にあり、それぞれの大学は、三千五百人以上の学生を擁しているといわれています。ミヤコから遠く離れた坂東（関東）と呼ばれる地方には、日本でもっとも大きく、もっとも有名な別の大学があって、他の大学よりも大勢の学生が行きます」と。ただザビエルは自身の目で本当かどうか確かめてみたいとも書いているので、日本の大学の存在について半信半疑だったようである。

この「近江」が何を指すのかは良く分からないが、ともかく高野山と根来寺、比叡山延暦寺に大学があったとザビエルは言っている。

比叡山の大学とは、勧学院のことだろう。この勧学院の基礎は鎌倉初期に築かれた。

当時、浄土宗を中心としたいわゆる鎌倉新仏教が台頭しており、いわゆる旧仏教側は危機感を持った。なお今日の学界では「旧仏教」という言葉を用いず、「顕密仏教」と呼ぶ。顕密仏教とは、基本的に南都六宗《なんとろくしゅう》（倶舎《くしゃ》・成実《じょうじつ》・律《りつ》・法相《ほっそう》・三論《さんろん》・華厳《けごん》の六宗）と平安二宗（天台・真言の二宗）を意味する。延暦寺は日本の天台宗の本山寺院なので（ちなみに延暦寺は比叡山に所在する諸堂塔の総称であり、「延暦寺」という名前の堂舎は存在しない）、もちろん顕密仏教の側である。

浄土宗が人々の支持を集めたのは、腐敗堕落した顕密寺院への反発（本書１７０Ｐ）が一因である。そこで顕密寺院では、このままでは浄土宗に負けてしまうという危機意識から、キチッと経典を勉強しようと、教学復興運動が始まった。

建久６年（１１９５）、鎌倉幕府ができて間もない頃に、天台僧の慈円《じえん》が比叡山無動寺の大乗院に勧学講という講座を開設した。この勧学講が画期的だったのは、「身分の低い僧侶も受講して良い」とした点である。

この時代の顕密寺院の社会は完全な身分社会である。身分の高い、要するに、上級貴族出身の僧侶、上級貴族の子どもで寺に入った僧侶でないと学問をすることができない。こうした仏教に関する研究や祈禱《きとう》などの頭脳労働に専念する僧侶を学生《がくしょう》、学侶などと呼ぶ。

一方、身分の低い僧侶は、掃除などの肉体労働を含む実務をやらされる。これを堂衆《どうしゅ》と呼ぶ。従来の講座は、堂衆にはほとんど門戸が開かれていなかった。学問的研鑽《けんさん》を積まないと寺院社会では昇進できないので、教学の勉強をさせてもらえない堂衆はいつまでも下働きのままである。

ところが、勧学講は、身分の低い僧侶にも受講の機会を与えた。これは、当時、比叡山で学生と堂衆の対立が深刻化しており、そうした混乱が人々の〝顕密離れ〟を生んでいたからである。堂衆の不満を緩和しようとしたのだ。

さらに勧学講では、天台教学の学習内容を基礎から応用へと順を踏んで学べるよう工夫をこらした。それまでは、一般に学ぶべき経典は示されていたが、どの順番で読むと理解しやすいかという学習階梯《かいてい》は検討されていなかった。これに対し勧学講では、第一期(1195~99)は初年度に『浄名経《じょうみょうきょう》』、次年度に『法華経』、その後の3年で『法華玄義』を講読する、といった、いわばカリキュラムのようなものが作られた。

慈円が始めた勧学講は毎年1回で、開講期間は7日間にすぎなかった。現代の大学でいう集中講義に近い。だが次第に、継続的に講義可能な教育機関として、勧学院が有力寺院内に開設されていった。

中でも弘安4年(1281)に開設された高野山勧学院は、近代の大学自治に近い形態をとった高度な教育機関であった。ザビエルの言う高野の大学とは、この高野山勧学院のことであろう。

顕密寺院での初等教育

顕密寺院では、高等教育だけでなく、初等教育も行われた。学問を行う上級僧侶である学僧は、出家するともちろん仏教の経典を勉強することになる。だが彼らは出家前の幼少期から寺に入っている。これを稚児という。そして稚児の間は外典《げてん》を学ぶのである。外典とは仏教の経典以外の書物。頭を丸めてから内典《ないてん》、仏教の経典を学ぶのである。

絵巻『融通念仏縁起絵巻《ゆうずうねんぶつえんぎえまき》』(本書118P)の一場面を見てみよう(図版③)。奥にいるのが、この絵巻の主人公である良忍《りょうにん》という高僧である。この良忍が稚児に勉強を教えている。稚児は書物を読んでいるが、傍らに僧侶がいる。先生と稚児だけではなく、いわば先輩にあたる若い僧侶が指導しているようだ。寺院には稚児の勉強をサポートする指導役もいたということが読み取れる。

それでは、稚児が学ぶ外典とは具体的にどのようなものだろうか。大人が読むような難しい本をいきなり読むわけではない。実は、子ども向けの、初心者向けの本がある。これ

図版③　『融通念仏縁起絵巻（模本）上巻　本文３』

を幼学書という。

幼学書の代表として『千字文《せんじもん》』が挙げられる。これは「天地玄黄」から始まって、千文字の異なった文字で書かれた漢文の長詩で、漢字を勉強するための入門書である。

次に『百詠《ひゃくえい》』。初唐、唐の初めの時代に李嶠《りきょう》が編纂した120首の詠物詩集である。120首なので『百廿詠』ともいう。これも漢詩を学ぶための基本的なテキストである。

そして『蒙求《もうぎゅう》』。天宝《てんぽう》5年（746）に唐の李瀚《りかん》が漢籍（中国の古典）に載っている有名な逸話を四字句の韻語で記した上で注釈を付し、類似の事跡を配列して編纂した故事成語集である。

一例を挙げると、「漱石枕流」といった形で記されている。これは「石に漱《くちすす》ぎ流れに枕す」のことで、夏目漱石のペンネームの由来にもなっていることでも知られる。『晋書《しんじょ》』孫楚《そんそ》伝によれば、後に晋の武将となる孫楚が若き日に「石を枕にして川の流れで口をすすぐような隠居生活をしたい」と伝えようとしたところ誤って、「石に漱ぎ流れに枕す」と言ってしまった。「『石に枕し流れに漱ぐ』の間違いだろう?」と指摘されたら、「いや、間違っていない。石に漱ぐのは歯を磨くため、流れに枕するのは耳を洗うためだ」と屁理屈をこねたという。『蒙求』はこうした有名な故事を集めて紹介している本である。これを読めば、中国の古典に載っている有名な故事、成語、逸話を一通り学ぶことができるのだ。

日本で編纂された幼学書もある。『和漢朗詠集《わかんろうえいしゅう》』である。これは平安時代中期の歌人として有名な藤原公任《きんとう》が、朗唱に適した漢詩・漢文・和歌を集めて、朗詠題ごとに分類、配列した詩文集である。平安時代の宮廷社会では朗詠が流行した。つまり、貴族たちが朝廷の公式行事や私的な集まりなどで、有名な漢詩や和歌を楽器の伴奏に合わせて全員で吟唱するのである。そして朗誦する場合、その場にふさわしい歌というものが決まっており、それをあらかじめ覚えておかなければならない。

現在でも、「みなさん合唱しましょう」といった機会がしばしばあるだろう。そういう時に、「春の小川」とか「故郷《ふるさと》」とか、有名な唱歌を知らないと恥ずかしい思いをするかもしれない。

こういう時はこういう漢詩・和歌をみんなで朗唱するということがある程度定まっているので、事前に覚えておく必要がある。そのためのテキストとして使われたのが『和漢朗詠集』である。和漢とは、文字通り和と漢。日本の和歌と中国の漢詩のことである。

本来は貴族社会における教養だが、僧侶にも和歌や漢詩を詠む機会はあるので、覚えておく必要があったのである。

貴族社会での初等教育

『千字文』『百詠』『蒙求』などの幼学書は貴族社会でも読まれていた。というより、『和漢朗詠集』が含まれることから分かるように、貴族社会で使われた幼学書が寺院社会にも流入したと考えるべきだろう。貴族の子弟が寺に入ってくるので、彼らへの対応として幼学書が導入されたと思われる。

藤原道長の祖父にあたる藤原師輔《もろすけ》が子孫に残した訓戒である『九条殿遺戒《くじょうどのいかい》』には、まず読書をし、次に習字をやり、時間が余ったら、その他の遊戯をやっても良い、と説いている。「遊びに行くのは宿題をやってから」といった感じだろうか。藤原師輔は習字より読書を重視しており、その意味で「日本の子供はまず書くことから始め、後で読むことを学ぶ」というフロイスの記述（本書71P）にはやはり疑問を感じる。

こうした初等教育は何歳くらいから始めるのだろうか。藤原為家《ためいえ》の例を見てみよう。為家は藤原定家の嫡男である。言うまでもなく定家は、『新古今和歌集《しんこきんわかしゅう》』の編纂で知られる非常に著名な歌人である。

定家の父の俊成《しゅんぜい》も有名な歌人であり、定家の家（御子左家）は和歌の家としての地位を確立しつつあった。よって、定家だけではなく、息子も孫も、子々孫々に至るまで和歌を一生懸命勉強して、和歌の達人にならなければならない。

ところが、定家の日記『明月記《めいげつき》』建暦3年（1213）5月16日条によると、当時16歳の嫡男為家は、蹴鞠に熱中するあまり和歌を全然勉強しない。

和歌の家元である御子左家で、後継ぎが和歌をろくに詠めないという事態は大問題である。定家は息子の不勉強を嘆き、『明月記』の中で、「一巻の書も見ず。七・八歳の時にわずかに蒙求、百詠を読むところ、なおもって廃忘す」と記している。

為家は全然勉強しない。一冊も本を読まない。為家は7歳8歳ぐらいの時に、『蒙求』と『百詠』を読んだぐらいで、しかも、その内容すらほとんど忘れてしまっている、というのである。もっとも定家の心配は杞憂に終わり、為家は長じては立派な歌人に成長し、さらに蹴鞠でも名を成した。

ともあれ、貴族社会、そして寺院社会では、7歳、8歳の時に『蒙求』や『百詠』などの幼学書を読むのが慣習だったのである。

平安中期に活躍した儒学者に大江匡衡《おおえのまさひら》がいる。匡衡は晩年、自身の半生を回顧した長編の述懐詩「述懐古調詩一百韻」を作っているが、それによれば、彼は7歳で読書を始めたという。

匡衡ほどの大秀才でも7歳なのだから、やはり7歳というのが学習開始の1つの基準なのだろう。もっとも、匡衡は9歳で詩作を始めたというから、幼学書以外も読んでいたのかもしれない。

大江匡衡の曽孫である匡房《まさふさ》は自叙伝『暮年記《ぼねんき》』の中で「予四歳の時始めて書を読み、八歳のときに史漢に通ひ、十一歳の時に詩を賦して、世、神童と謂《い》へり」と記している。史漢とは司馬遷《しばせん》の『史記《しき》』と班固《はんこ》の『漢書《かんじょ》』のことで、いずれも中国の正史（二十四史）である。4歳で幼学書を読み始め、8歳で中国の歴史書を読んでいるのだから、まさに神童である（自叙伝で自慢するのはどうかと思うが）。

菅原道真《すがわらのみちざね》の長男の高視《たかみ》も4歳から書を読み始めたという。早熟な子どもなら4歳からでも読書可能ということなのだろう。

ただし、大江匡房や菅原高視の場合、本人の資質もさることながら、家の事情も大きい。大江氏も菅原氏も学者の家系なので、並の貴族と同程度の学力では困る。このため、父祖が早期英才教育を行うのである。

儒家に生まれた者は、大学寮を卒業し文章得業生試《もんじょうとくごうしょうし》（対策）と呼ばれる国家試験に合格することで、官吏の道が開かれる。そのため幼少期から猛烈に勉強させられたのだ。何やら現代の「お受験」を想起させる。

禅僧が朱子学を教えた

さて、ここまでは顕密寺院での学問について論じてきた。禅宗寺院ではどんなことを勉強していたのだろうか。意外に思えるかもしれないが、禅院では儒学の学習が盛んだった。

中国の禅宗寺院では、仏事法会などの行事の時に、四六駢儷体《しろくべんれいたい》の詩文を作ることになっていた。四六駢儷体とは、四字と六字から成る対句を多用する非常に華麗な文体のことである。

重要な点は、中国古典から語句を引用してくるというルールがあることだ。したがって四六駢儷体を作るには、中国古典を知らなければならない。中国古典の主流は儒教の経典なので、日本の禅院でも、四六駢儷文を習得するために儒学を勉強したのである。

もちろん貴族社会でも、平安時代から儒教の勉強が行われていた。ところが、中国で儒学の大転換が起こった。

唐が滅んだ後、五代十国時代を経て宋《そう》が成立した。日本でいうと、藤原道長が活躍した平安中期ぐらいから鎌倉時代中期ぐらいまでが宋代になる。この宋代に宋学と呼ばれる儒学の新潮流が生まれる。

宋学はそれまでの儒学と全く異なる。唐代の儒学は、儒典の細かい字句の解釈に徹底的にこだわる。「この言葉はどういう意味だろう?」といったことを1つひとつ調べていく。有名な儒典に対しては、ずっと昔から注釈がつけられている。昔の誰それさんという偉い学者が、この字はこういう意味だと解釈した、別の誰それさんという人は、こういう意味だと解釈した、という具合に注釈を延々と学んでいって、それを学んだ上で解釈する必要があった。それが、唐代の儒学だったのである。

ところが、宋学は、誰それ先生は何と言っているとか、誰それ先生は何と解釈しているとか、そういう些末な語句の解釈はどうでも良いということを言い出した。一番大事なのは、後代の誰それ先生が何を言ったかではなくて、孔子や孟子など、儒典を著した聖賢の精神をつかむことだと。だから、今までの解釈に縛られる必要はない、と主張したのである。なお旧儒学の解釈を「古註」と呼ぶのに対し、宋学の解釈を「新註」と呼ぶ。

従来の儒学は、事実上、注釈の研究だった。そういう訓詁学《くんこがく》はやめて、もっと大元の根本の部分を学ぼうという志向が生まれた結果、儒学は注釈の研究ではなく、哲学、思想になっていく。その宋学の代表が、南宋の朱熹《しゅき》が創始した、いわゆる朱子学《しゅしがく》である。

解釈が変わっただけでなく、重視する儒典も変わった。唐代までの旧儒学は、『周易《しゅうえき》』『毛詩《もうし》』『礼記《らいき》』を基本テキストとしたが、宋学の場合は『論語《ろんご》』『大学《だいがく》』『中庸《ちゅうよう》』『孟子《もうし》』を四書として中心に据えた。

特に『孟子』の地位が宋学によって著しく上昇した。『孟子』は、宋代以前には注目されず、科挙と呼ばれる中国の官僚登用試験の試験科目にも入っていなかった。宋学、中でも朱子学によって『孟子』は基本儒典の地位を獲得した。

この宋学を日本にもたらしたのは、禅僧だった。彼らは貿易船に乗って、宋に渡り（宋が滅んだ後は元）、禅宗寺院に留学する。当然、留学先である中国の禅院の僧侶は、教養として宋学を身につけている。したがって中国の禅院には新註の儒典が多く所蔵されており、留学僧はそれらを書写して日本に持ち帰った。こうして日本の禅院にも新註の儒典が増え、宋学の研究が盛んになった。

基本的に、前近代の日本の上流階級は中国に憧れている。中国が文化、文明の最先端の場所で、それに近づきたいという憧憬がある。

ところが、日本の公家たちは、唐代の古い儒学しか知らない。そこへ、中国に留学した禅僧が最新の儒学である宋学をひっさげて帰国してきた。中国に渡る機会のない公家たちからすると、宋学を学ぶには、日本の禅僧から学ぶしかない。

禅宗側はこの動向を、禅宗を布教する絶好のチャンスと捉えた。宋学、すなわち新しい儒学を教えて、そこからだんだん禅宗、仏教の方に引き込もうと考えた。つまり、宋学への関心を禅宗への関心に繋げて、最終的には禅宗の信者にしてしまうということである。これを当時「興禅の方便」と言った。

本来、禅僧にとって大事なのは禅宗の教えであり、儒学は一般教養、余技にすぎない。ましてや宋学には仏教批判の側面がある。よって禅僧が宋学を積極的に教えるのは原理的には問題があるのだが、禅宗を盛んにするための手段、方便として宋学を教えることにしたのである。

禅院の実学志向

禅宗寺院での教育において、宋学以外の特色としては実学志向が挙げられる。顕密寺院では仏教の経典以外に外典も学ぶが、外典といっても、和歌や漢詩の勉強をするわけである。お経の勉強、和歌、漢詩の勉強、いずれも実生活にはあまり役に立たない。ところが、禅院の場合は、実学志向が強い。ここが顕密寺院との大きな違いである。

前述の通り、顕密寺院の世界は身分制社会である（本書89P）。経典の研究をする学僧が一番偉い。事務的な仕事や肉体労働をする僧侶は下等であるという差別があった。ところが、禅院では、全く差別がなかったわけではないが、理念の上では平等なのである。

なぜかというと、禅宗の教えの根本には、生活の全てが禅の修行になるという考え方があるからだ。すなわち、料理を作る、掃除をするということも、キチンと疎《おろそ》かにしないで一生懸命やれば、それは修行につながるという発想がある。

顕密寺院では料理や掃除などは下っ端の僧侶がやることであって、身分の高い僧侶はやらない。学僧は学問に専念すべきだという考えがある。

一方、禅宗の場合は、料理や掃除だって立派な修行であるという考えなので、高僧がこれを行うこともある。

さて禅宗寺院の組織は学問担当の西班衆《せいばんしゅう》、実務担当の東班《とうばん》衆に大別される。料理や掃除、経理などを担当するのは東班衆だが、学問担当の西班衆より必ずしも下ではない。もちろん、実際には西班衆の方が出世は早いが、理念の上では対等、平等なのである。実際、本場中国では、楊岐《ようぎ》方会《ほうえ》や石窓法恭《せきそうほうきょう》など、東班衆出身で一山の住持（住職）にまで昇った禅僧が散見される。日本でも東谷圭照《とうこくけいしょう》など東班衆出身の住持は存在する。

このため、東班衆は基本的に学問をやらない立場であるにもかかわらず、彼らも講義を聞いて良いということになっていた。その結果、禅宗寺院での講義は濃厚に実学性を帯びることになる。この点については近年、川本慎自《かわもとしんじ》氏が興味深い指摘を行っているので、以下に紹介したい。

たとえば永享《えいきょう》9年（1437）に京都の建仁寺《けんにんじ》の禅僧である江西竜派《こうせいりゅうは》が杜甫《とほ》の詩を講

じた際は、（赤米を詠んだ詩に関連して）「赤米は九州に多く分布する」、（湖に浮かぶ小舟を詠んだ詩に関連して）「近江には湿田があり、田舟を使って種まきをする」など農業生産に関する知識を語っている。杜甫の漢詩を学ぶ上ではほとんど関係ない情報をわざわざ伝えているのである。

更に、長禄《ちょうろく》3年（1459）から寛正《かんしょう》3年（1462）にかけて、京都の東福寺《とうふくじ》の禅僧である雲章一慶《うんしょういっけい》が、勅修百丈清規《ちょくしゅひゃくじょうしんぎ》の講義を行っているが、ここでも話が脱線している。

この勅修百丈清規というのは、元代の中国で制定された禅宗寺院の基本的な規則である。元々は唐の時代に百丈という名の禅僧が作った規則だが、それを元代に修正したのである。中国の禅宗寺院は、勅修百丈清規に従って運営されており、日本の禅院もこの清規を受容した。

要するに禅僧にとって勅修百丈清規は必須知識である。だから雲章一慶はその講義を行っているのだが、原文にある中国の禅院の荘園経営に関する話だけでなく、東福寺領荘園の経営に携わった雲章の実体験も語っている。

勅修百丈清規は中国で作られた規則なので、中味は全部中国の話である。日本と同様、中国の禅院でも経費を捻出するために荘園を経営しているのだが、あくまでこれは中国の荘園である。地理や制度が異なる以上、中国の荘園と日本の荘園は別物である。勅修百丈清規の内容を理解することが目的なら、日本の荘園の話をしても意味がない。にもかかわらず、雲章は自分の荘園経営体験を語っている。

これは川本氏が推測するように、東班衆も講義を聞いているからだろう。儒教や仏教、漢詩文といった、学問の講義なのだから、本来なら学問のことだけを話していれば良いはずである。けれども、実務に携わる東班衆も聴講しているので、彼らの関心を踏まえて農業生産や荘園経営といった実務的な知識も解説したのである。

つまり、生活全てが修行であるという考えから実務に携わる僧侶の地位が比較的高く、ゆえに実学志向が強い。これは他の宗派と大きく異なる禅宗寺院の特色と言えるだろう。

足利学校の「再興」

中世の学校として最も知られているのは、足利学校であろう。先ほど紹介したように、フランシスコ・ザビエルが「大書簡」の中で坂東に大学があると述べているが（本書88P）、この坂東の大学とは足利学校を指すと考えられている。

高校の日本史教科書にも載っているので名前を聞いたことがある人は多いだろうが、どういう学校なのかという点はあまり知られていないのではないだろうか。

足利学校の創立時期については諸説がある。一番古いのは小野篁《おののたかむら》創建説で、これに従えば平安時代から足利学校が存在したことになる。ただ、これは後世に作られた伝承と思われる。

足利義兼《よしかね》創設説もある。足利義兼は源頼朝に仕えていた足利氏の当主なので、もし義兼が創設したのであれば、鎌倉時代の初期から存在したことになる。しかしこれも後から作られた伝説であろう。

一般的には、14世紀末から15世紀初頭には成立していたと考えられている。足利学校の母体は鑁阿寺《ばんなじ》（足利氏の菩提寺）であり、その鑁阿寺の教学活動が盛んになったのが、14世紀後半だからである。

しかし、足利学校はその後衰退してしまう。これを永享4年（1432）に再興したのが関東管領《かんとうかんれい》の上杉憲実《うえすぎのりざね》である。関東管領とは関東の支配者である鎌倉公方（本書83P）の補佐役、鎌倉府のナンバー2である。

憲実関与以前から足利学校が存在していたことを確実に示す史料として、応永《おうえい》30年（1423）に制定された学校省行堂《しょうぎょうどう》日用憲章写が挙げられる。これは、足利学校に付属した療養所の入院規則である。

学校の規則は残っていないが、足利学校付属診療所の入院規則がある以上、応永30年時点で足利学校は既に存在していたことになる。つまり、上杉憲実が再興する前から確実に存在していた。

ただ、上杉憲実が再興する以前の足利学校での教育内容は、実のところ良く分かっていない。後世の史料では色々語られているが、それが事実かどうかは不明である。

さて永享4年、足利荘を管理することになった上杉憲実は、易学の大家である禅僧の快《かい》元《げん》を鎌倉の円覚寺《えんがくじ》から招いて足利学校の庠主《しょうしゅ》（校長）とした。易学とは要するに占いの学問であるが、昔と今では占いの意味合いは大きく異なる。占いは森羅万象を理解するための深遠な知恵だった。古代中国の占術書『易経《えききょう》』が儒教の基本経典である五経の筆頭となった結果、易学は『易経』の解釈学として発展した。

永享11年（1439）には宋版の『尚書正義《しょうしょせいぎ》』（中国古代の歴史書で五経の1つ『書経《しょきょう》』の注釈書、国宝）・『毛詩註疏《ちゅうそ》』（中国最古の詩篇で五経の1つである『詩経』のうち『毛詩』の注釈書、重要文化財）・『礼記正義』（中国古代の礼儀作法書で五経の1つである『礼記』の注釈書、国宝）・『春秋左伝註疏』（春秋時代の魯《ろ》の国についての歴史書で五経の1つである『春秋左氏伝』の注釈書、重要文化財）を上杉憲実が足利学校に寄付した。とはいえ、これらの貴重な書物を憲実がもともと所有していたわけではなく、金沢《かなざわ》文庫から持ち出されたものである。

文安《ぶんあん》3年（1446）、上杉憲実は足利学校の学校規則「学規三条」を制定した。それによると、三注・四書六経・列子・荘子・老子・史記・文選《もんぜん》以外は足利学校では講義しない。要するに、講義を儒学関係に限定したのである。前述の通り、易学も儒学の一部である。

ここまで説明してきたように、中世の教育機関は主に寺院であった。したがって中世の教育は仏教が中心である。禅宗寺院などでは儒学の教育も行われたが、中心はあくまで仏教である。おそらく憲実による「再興」以前の足利学校も、仏教中心のカリキュラムを組んでいたはずである。

ところが、憲実は足利学校から仏教色を排し、儒学の専門学校にした。庠主の快元をはじめ教員は僧侶であったが、仏教は教えず儒学を教えたのである。これによって全国から学生が集まり「坂東の大学」と呼ばれるほどに栄えたのだから、憲実は足利学校の実質的な創始者と言える。

享徳《きょうとく》3年（1454）に上杉憲実嫡男の憲忠《のりただ》が宋版の『周易註疏』（『易経』の注釈書、国宝）を足利学校に寄付した。これにより五経正義（唐の孔穎達らが太宗の貞観年間より高《こう》宗《そう》の永徽《えいき》年間にかけて編纂した五経の注釈書）が揃った。

足利学校の教育

足利学校はどのような学校だったのか、もう少し詳しく見てみよう。まず、受講生は僧侶が中心であった。僧侶ではない俗人も入学を許されていたようだが、タテマエとしては僧侶のための学校ということになっていたらしい。そのため俗人が入学する場合は、便宜的に僧名を名乗っていたという。入学は20代が多く、在学期間は4～5年、ないしは7～8年が多かった。

講義は前述のように儒学中心である。儒学の中でも易学が重視された。後に日本の典籍、そして中国の詩文、医学、兵学、天文学なども教えた。

こうした実学志向の強さが足利学校の特徴である。易学が重視されたのも、戦乱相次ぐ時代であったことが影響していると思われる。合戦にあたっては吉凶の占いが行われた。戦国時代の軍師は、兵学はもちろんのこと、天文学・易学に通じている必要があったのだ。

また足利学校は日本の医学史にも大きな足跡を残している。戦国時代の名医、曲直瀬道《まなせどう》三《さん》は同校出身である。道三はもともと武士だったが、両親が早くに亡くなったため、10歳

（8歳とも）で近江国の天光寺《てんこうじ》に入って稚児になった。13歳になると京都の相国寺《しょうこくじ》に移り、さらに享禄《きょうろく》元年（1528）に22歳で足利学校に入学した。そして同校で医学に興味を抱き、その後、田代三喜《たしろさんき》（彼も足利学校出身である）に師事し、医者の道を志したのである。

足利学校では20人以下の少人数講義が中心だったらしい。また、足利学校は基本的には高等教育機関だった。他の寺院で勉強した僧侶に、更にレベルの高い勉強を施すのである。ただし『千字文』・『蒙求』などを用いた初等教育も一部行っていたようである。

さて当時は印刷技術がないので、受講生に教科書を配るということはできない。受講生は授業を受ける前に教科書を写さなければならなかった。講義では講師が教科書を読みつつ、その解説を行う。受講生は講師が語った内容を教科書本文の行間や上下に片仮名混じりの文で口述筆記した。

なぜそんなことが分かるかというと、受講生が講義内容を書き写したものが現存しているからである。図版④は国立国会図書館が所蔵している『論語集解』（『論語』の注釈書）の一部である。本文の行間や上下に小さい字で書かれているのは、講師が話した講義内容の筆録である。よって、この国立国会図書館所蔵本は『論語集解』の写本であると同時に、講義録でもある。ちなみに同本は、後に足利学校第7代庠主となる九華《きゅうか》瑞璵《ずいよ》が受講生時

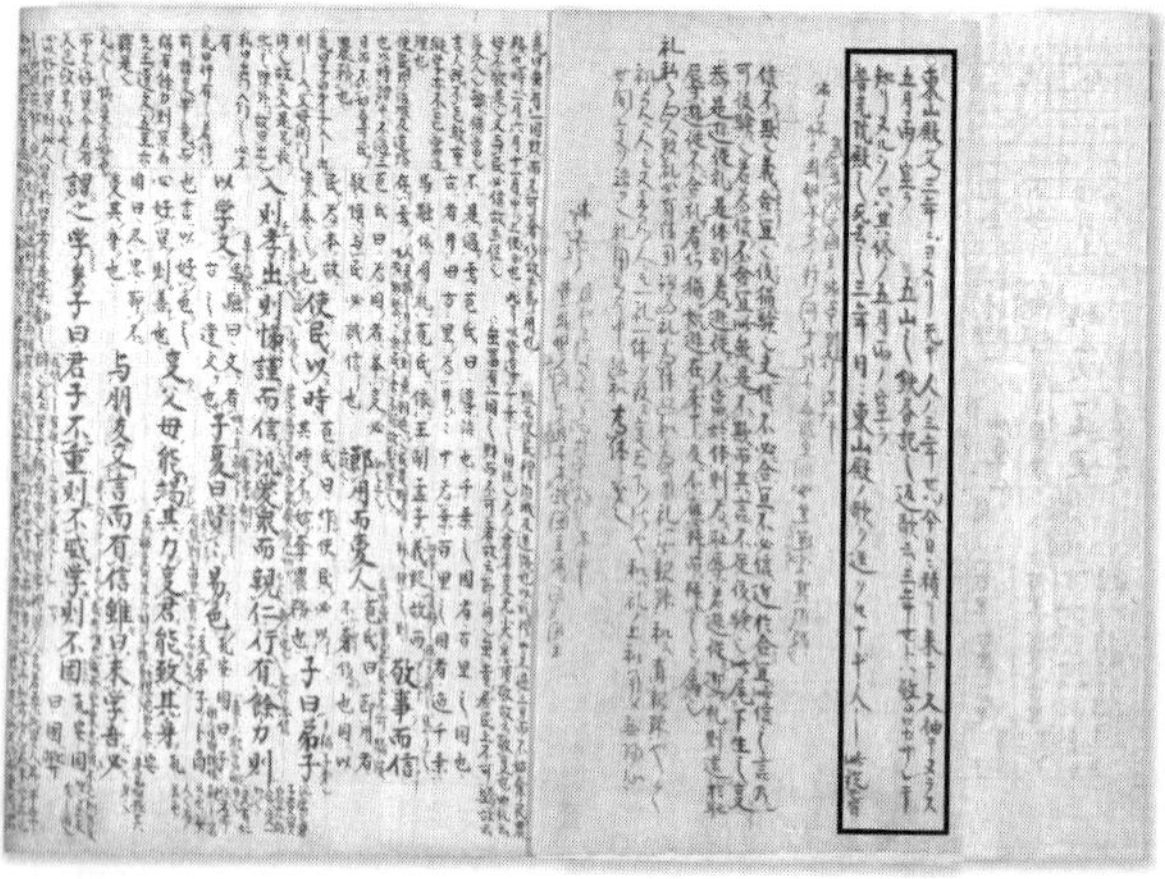

図版④　『論語集解』

代に筆記したものである。

なお□で囲んだ部分は、室町幕府6代将軍足利義教の三回忌にあたり、義教の息子にあたる8代将軍足利義政が詠んだとされる和歌と、それに対する歌人の清巌正徹《せいがんしょうてつ》の返歌である。儒学と無関係な記述があるのは奇異に感じられるが、講師の雑談を筆録した可能性がある。戦国時代の関東では正徹の和歌が人気を博しており、正徹に関する知識には一定の需要があった。

足利学校でも、漢籍注釈という講義の本筋から外れた雑談がしばしば行われたのだろう。それらは必ずしも無駄話ではなく、社交のために必要な教養として語られたのだと思う。

寺院学校の普及

以上で見てきたように、中世寺院における教育は、本来は僧侶を対象としていた。しかし次第に、将来出家する予定のない俗人の子どもを受け入れ、教育を施すようになった。いわば江戸時代の寺子屋の前身である。

最初は庶民ではなく、武士の子どもが寺で学んだようである。江戸時代の寺子屋では往来物が教科書として使われたが、中世の寺院学校でも往来物が用いられた。

往来物とは、平安時代末期以来明治初年に至るまで広く行われた書簡文体の初等教科書の総称である。往返一対の消息文（手紙）を集めた消息文例集の形式を採ることからこの名がある。後には手紙の文例集の体裁をとっていないものも含め、初等教育の教科書全般を往来物といった。

往来物のうち、古代・中世に成立したものを古往来と称する。現在知られている古往来の中でもっとも古いものは藤原明衡《あきひら》（1066年没）の『明衡往来《めいごうおうらい》』で、これに続くものに『季綱《すえつな》往来』『東山往来』などがあり、平安時代末期までに都合7種をかぞえる。次に鎌倉時代から室町時代にかけては『貴嶺問答《きれいもんどう》』『十二月往来』『雑筆《ざつぴつ》往来』『庭訓《ていきん》往来』など45種が確認される。

古往来の中で最も著名なものが、14世紀中葉に作られた『庭訓往来』である。1年12カ月分に手紙文を配して、1カ月往返2通ずつ計24通と「八月十三日状」1通との計25通から構成されている。

1通1通は手紙の模範文の体裁をとっているが、必ずしも実用的な文例になっていない。たとえば冒頭の正月5日の手紙は正月の遊びに誘うものだが、「楊弓・雀小弓の勝負、笠《かさ》懸《がけ》・小串の会、草鹿《くさじし》・円物《まるもの》の遊……」といった具合に遊びを列挙している。現実にこんな手紙を書くことはまずないだろう。『庭訓往来』の真の目的は、日常生活に用いる語彙を類別に列挙し、これを覚えさせることにあったと思われる。

全体として『庭訓往来』は、農民に対する農業指導、屋敷の建設、盗賊の退治など、武士に関わる内容の手紙を多く収録している。したがって、当初は武士の子弟を対象にした教科書だったと考えられる。

さて、中世の寺院学校はどの程度普及していたのだろうか。文亀《ぶんき》2年（1502）に成立した禅僧万里集九《ばんりしゅうきゅう》の詩文集『梅花無尽蔵《ばいかむじんぞう》』には、美濃の寺院学校で学習に励む武士の少年を詠った詩文も収録されている。この時代の五山禅僧の詩文には「村校」「州校」という文言がしばしば見られ、地方にも寺院学校が多く存在したと考えられる。

毛利元就の家臣だった玉木吉保《たまきよしやす》の自叙伝である『身自鏡《みじかがみ》』には、13歳からの3年間、勝楽寺で学んだ課程が記されている。まず習字から始まる。先述のように、鎌倉〜南北朝期においては、普通の武士は平仮名しか書けなかった。だが戦国時代になると、漢字の勉強もする。

玉木吉保は入学して最初の5日間はいろは47字を勉強した。続いて仮名で文章を書けるように勉強した。その後、漢字を覚えていく。

このように入学1年目は習字が中心である。フロイスの「われわれの子供は始めに読むことを習い、その後で書くことを習う。日本の子供はまず書くことから始め、後で読むことを学ぶ」という記述（本書71P）は、このことを指すのかもしれない。ただし、2年目以降も習字を行っている。

習字と並行して読書も行った。吉保は僧侶になるつもりはなかったが、お寺なので、一応、経典も勉強させられた。早朝に『般若心経《はんにゃしんぎょう》』・『観音経《かんのんぎょう》』を読んだという。夜には『庭訓往来』・『童子教《どうじ》』・『実語教《じつご》』を読んだ。『童子教』とは、礼儀作法を教える初等教科書で、『実語教』は「山高きがゆえに貴からず、樹有るをもって貴しとす」などの標語を集めた初等教科書である。いずれも江戸時代にも寺子屋などで道徳教育のために使われた。

また「式條《しきじょう》」も読んだ。これは鎌倉幕府が作った基本法典「御成敗式目」のことである（本書56Ｐ）。戦国大名が制定した分国法（本書60Ｐ）は御成敗式目の影響を受けているので、知っておくべき常識だったのかもしれない。基本的な社会規範を学べるし、分量も初等教育で教えるには手ごろである。これも江戸時代の寺子屋でも用いられた。

とはいえ、初年度は読書より習字が重視され、朝から夕方までは習字を行った。

2年目は読書の方に比重を置いた。『論語』など四書五経を読んだ。他には前掲の『和漢朗詠集』を読んだ。この辺りは従来の（出家前の）稚児に対する教育と変わらない。

興味深いのは、『六韜《りくとう》』・『三略』を読んでいる点である。これらは古代中国の周の軍師として知られる呂尚《りょしょう》（太公望）が書いたとされる兵法書である。吉保が武士の子どもであることに配慮したのではないだろうか。

3年目には、『古今和歌集』『万葉集』『伊勢物語』『源氏物語』を読んだ。和歌・連歌の習作や能楽にも取り組んでおり、当時の上流階級の一般教養の内容がうかがえる。

庶民の教育

寺院学校には次第に庶民の子弟も入学するようになった。永享2年（1430）10月の奥書のある『出法師落書《いでほうしらくしょ》』には、丹波国の山村にある寺院の僧侶が、多くの少年に対して『童子教』や『和漢朗詠集』を教えたという記述が見られる。また16世紀、奈良興福寺の塔頭《たっちゅう》である深窓庵に商人の子どもが入る事例が散見される（『多聞院《たもんいん》日記』）。

先述の通り、『庭訓往来』は武士に関わる内容を多く含むが、一方で商業活動に注目し、職業関連の単語を豊富に収録している。もともとは武士の子弟用の教科書だったが、商人の子弟も使うようになったため、増補されたのではないだろうか。庭訓往来が多様な内容を含むのは、多様な階層が寺で学ぶ社会状況を反映していると考えられる。

このように庶民も寺院学校などで学ぶことができたため、中世後期には庶民の教養もそれなりに高まっていたと思われる。

狂言に「二九十八」という演目がある。永禄《えいろく》11年（1568）の2月に、安芸国の厳島神社での上演が確認されているので、16世紀中葉には既に成立していた。この狂言は、庶民の教養を考える上で非常に興味深い。

そのあらすじを以下に説明する。男が京都の清水寺に参籠して結婚したいとお願いをする。参籠とは寺に泊まり込みで祈願することをいう（本書53P）。すると「西門の一の階段に立つ女をお前の妻とせよ」という夢を見る。これは神のお告げだと思い、男が急いでその場所に行ってみると、はたして顔を衣で隠した女がいた。なお当時の風習では、女性は外出時に素顔をさらさないのが一般的である。

男は女を口説こうとする。「独り身か」「どこに住んでいるのか」などと尋ねるが、女は全て和歌によるなぞなぞで返す。男は一つずつ謎を解いていく。そして、女の家が室町春日町の北にあるところまで判明した。

最後に、「角から数えて何軒目のお家なんですか?」という質問を返歌の形で尋ねると、女は「にく」とだけ言って立ち去ってしまう。男は「2×9＝18」で18軒目の意味だろうと謎を解いて、その家に行く。

案の定、家の前に女が立っていて、男は喜び勇んで女を連れて自宅に帰る。それまで女は衣で顔を隠していたが、男が衣を取ってみると、その女性がとんでもない醜女で男が必死で逃げるというオチがつく。

今はオチは措《お》く。狂言で九九が使われるということは、中世後期の庶民が九九を知っていたということである。2×9＝18という答えを観客が知らなかったら、狂言として成立しないのだから。そして和歌による謎かけが出てくるということは、和歌に関する基礎知識も人々が知っていたということである。

ちなみに、九九の用例は早くも『万葉集』から見られる。しかし一般教養として広まりだしたのは、平安時代からだろう。平安中期に源為憲《ためのり》が編纂し、貴族社会で幼学書として用いられた『口遊《くちずさみ》』という書物がある。要するに様々な豆知識が書かれている本だが、その中に九九も載っている。よって貴族の子弟は九九を暗記していたはずである。ただし『口遊』収録の九九は、現在と異なり、9×9＝81から始まって、8×9＝72、7×9＝63という具合に進み、最後に1×1＝1で終わる。順番が今と逆なのである。

ところが室町時代ぐらいから、現在と同様に、1×1＝1から数える形になった。この方が暗記しやすいのは明らかで、庶民に九九が広がったのは、この逆転が影響しているかもしれない。

中世の生老病死

中世の産屋

仏教の開祖であるゴータマ・シッダッタ（釈迦）は、人間の本質的な苦しみは「生老病死」の4つであると説いた。これが「四苦八苦」の「四苦」である。

どんなに科学が発達しても、私たちは「生老病死」から逃れられない。人の一生において最も普遍的な要素と言えるだろう。したがって中世人の生き方考え方を知ろうとしたら、彼らの「生老病死」を押さえる必要がある。

最初に中世の出産について見てみよう。出産のような、当時の人間にとって当たり前の出来事は、あまり記録に残らない。もちろん貴人に子どもが生まれれば記録されるが、どうやって出産したかといったことは描写されない。

そこで役立つのが絵巻である。中世の絵巻にはしばしば出産の情景が描かれている。これらを参照することで、出産のやり方を明らかにすることができる。

初めに『融通念仏縁起絵巻』から検討しよう。この絵巻は平安後期に融通念仏宗を興した良忍という僧侶の事績を描いたものである。鎌倉末期に成立したとされるが、最も古い現存写本は南北朝〜室町時代のものと考えられている。いずれにせよ、中世の出産の光景を描いたものと見て良いだろう。

この『融通念仏縁起絵巻』下巻の第九段には、良忍が安産に貢献した逸話が見える。「木寺《きでら》の源覚僧都《げんかくそうず》の牛飼童《うしかいわらわ》の妻女、難産によりて死すべかりしが、此の念仏衆に入て、命をのべにけり。これをききて、念仏にいる人二百七十二人なり」とある。

木寺の源覚僧都に仕える牛飼童に妻がいた。木寺というのは京都の仁和寺の院家である。牛飼童とは、牛車に付き添い、牛の世話をする者のことである。牛飼童は身分が低いため、成人しても烏帽子（本書45P）などはかぶらず、童のように髪を垂らしていた。だから「牛飼童」と言っても童子とは限らず、成人男性だったりする。右の牛飼童も成人・結婚していた。

この牛飼童の妻は難産で苦しんでおり、このままでは母子ともに亡くなる危険性があった。ところが妻は良忍の勧めで融通念仏宗に入信し、無事に出産できた。この噂《うわさ》を聞きつけて融通念仏宗の信者になった人が272人もいたという。

この場面を描いた絵の部分を見てみよう。ここでは14世紀に作成された、アメリカ合衆

図版⑤ 『融通念仏縁起絵巻（模本）下巻　本文13』

国クリーブランド美術館所蔵の写本を取り上げる（図版⑤）。往来に面した産室が描かれている。足を大きく開いているのが陣痛に苦しむ産婦で、当時の出産が座産であったことが分かる。産婦の近くには2人の産婆がいる。1人の産婆は産婦を後ろ抱きにしている。もう1人の産婆は産婦の頭を右手で抱えている。そして天井から下げられた力紐を引くことで、産婦を支えている。部屋の隅には安産を祈る牛飼童がいる。

産婦と対面する形で何か書き物をしている僧侶がいる。おそらく良忍であろう。彼は名帳に産婦の名を書き入れていると考えられる。融通念仏宗に入信した者は、その名が名帳に記載される。名帳に名が記されることで、その人は阿弥陀仏と結ばれたことになり（これを「結縁《けちえん》」と呼ぶ）、死後に極楽往生（本書145P参照）することが約束された。

さて、この絵に注目した保立道久《ほたてみちひさ》氏は「貴族の場合は、産所はさすがに邸内に設けられていたが、一般の民衆の場合は、この絵にあるように、大路に面して設けられることもしばしばであった」と指摘した。

大通りに産所が仮設されたという説の傍証として、保立氏は「新御成敗状」24条を掲げている。「新御成敗状」は豊後（現在の大分県）の守護である大友氏が仁治《にんじ》3年（1242）に制定した法律で、大友氏の本拠地である豊後府中の都市整備に関わる条文が散見される。

この「新御成敗状」24条は「一、保々の産屋の事。右、晴れの大路に立てること、これを止むべし。もし承引せしめずんば、破却せしむべし」というもので、多くの人が往来する大通りに面して産屋を建てることを禁止し、撤去に応じない場合は強制的に破壊する、と規定している。わざわざ「大通りに産屋を建てるな」と禁止令を出しているという事実は、逆にしばしば産屋が建てられたことを示唆する。

大友氏の「新御成敗状」は、御成敗式目など鎌倉幕府が出した法令を参考にしている。

現存はしないが、鎌倉幕府の法令の中にも、同様の産屋禁止令は存在したと思われる。

出産は公開されていた?

さて、前掲の『融通念仏縁起絵巻』下巻の第九段の絵について、保立氏は次のように述べる。「この場面が興味深いのは、緊迫した出産が通りに面した公開の場で、一つの風景の中で行なわれていることである。道を行く馬上の婦人は身を乗り出して産屋を覗き込み、大路の真ん中にたたずむ大笠を背負った僧侶や少女たちも産屋の方を指差して語りあっている。もとより、このような通行人よりも、産婦の病気の経過を熟知している近所の人々にとって、この場はより具体的な興味や心配の対象であっただろう。それは画像では、簾を開けて覗き込んでいる隣の女や、産屋の方に向かっている腰をかがめた老女に表現されている」と。

現代では、出産の場は私的な空間であり、家族と医療従事者以外の人が立ち会うことはない。産婆さんが家まで来てくれた近代であっても、隣人知人ではない赤の他人、通行人に出産が公開されるなど考えられない。だから右の推定が事実だとしたら、中世人の感覚は現代人と相当に異なっていたことになる。しかし、本当にそうだろうか。

女性史研究で知られる服藤早苗氏は、道を行く馬上の婦人に付き従う弓を持った従者が産室の方向を見ていないことを指摘する。また五味文彦氏も「外の人の視線は産屋に集中しているが、内の方から外へ向けての動きは一つもない。閉じられた空間とみるべきであろう」と述べている。

注意したいのは、絵巻は写真のように現実をそのまま写し取ったものではなく、あくまで絵であるということだ。服藤氏は「私には、この出産の場面は、本来戸がたてられていたはずであるが、難産で死に瀕していた牛飼童の妻が、念仏衆に入ることによって無事出産したことを絵巻で強調し説明する為の絵画手法として、戸を描かなかっただけである、と考えられる。『源氏物語絵巻』では、貴族たちの屋内生活を描写するために、屋根や天井をとりのぞいた吹抜屋台《ふきぬきやたい》の描法が使用されていることは周知の事実である。この『源氏物語絵巻』から当時の寝殿造に屋根が無かったと主張する人はいないであろう」と保立説を批判する。

五味氏も「絵には絵の約束事があるのを知っておかねばならない。密室の出来事を外から描こうとしたら、どうしたって密室の性格を否定しなければならない」と指摘する。戸や壁を描いて産屋を密室にしてしまったら、屋内の様子と屋外の様子を同時に描くことは不可能になる。絵巻の演出として戸を描かなかっただけであり、本当に戸が開け放たれて通行人に出産風景が公開されていたとは考えられない。

とはいえ、産屋の方に視線を送る屋外の人物が何人かいることは事実である。産婦が見えないのに何故そちらに目を向けるかと言うと、見ているのではなく聞いているのだろう。つまり、産婦の陣痛の声などに反応したと思われる。

ただし、美術史学者の千野香織氏は、道行く人々が産婦を指差しているのは、絵巻を見る人の注意を促すための作者の演出であると論じ、「指さす人物は、絵師の作為が最もわかりやすい形で示された例と言えよう」と述べている。中世史学者の徳永誓子氏も、『融通念仏縁起絵巻』の諸写本のうち、道行く人々が出産を見に集まっているかのように描いているのはクリーブランド本だけであると指摘し、やはり絵師の創作であると主張する。

出産風景をより詳しく知るため、他の絵巻も見てみよう（図版⑥）。13世紀前期成立の『北野天神縁起絵巻』（承久本）巻八では、貴族の家の出産が描かれている。保立氏は「産婦は前後左右を女たちに取り囲まれて陣痛に苦しんでいる。右手の女は手をかかげて口を開け、何かを叫んでいる。そして右側の部屋には、「柿色の衣」を着た山伏がおり、前の庭では、衣冠束帯に身を包んだ陰陽師《おんみようじ》が祭文を読み上げている」と解説している。もちろん

図版⑥　『北野天神縁起絵巻（承久本）巻八』

山伏や陰陽師は安産を祈っているのである。中世絵画史料論の第一人者である黒田日出男《ひでお》氏は、産婦に手をかざしている女性を巫女と推定している。彼女も祈っているのだろう。

なお弓を持っている男も、安産を祈禱している。邪気を払うために、弓の弦を手で引き鳴らしているのである。これを「鳴弦《めいげん》」と呼んだ。鳴らす人そのものも「鳴弦」と呼んだ。

産室にいるのは女性だけで、山伏や陰陽師ら祈禱者を含め、男たちはみな産室の外にいる。12世紀末の『餓鬼草紙《がきぞうし》』（河本家本）の出産場面（図版⑦）でも同様で、産室には女性しかおらず、僧侶や鳴弦など安産を祈る男性は産室の外にいる。これらを見ても、やはり出産が不特定多数に公開されたとは判断できない。

出産のケガレ

前近代においては流産や死産は珍しくなく、出産は女性にとって文字通り命がけであった。古代・中世の人は、流産や死産など出産に伴う危険を、魑魅魍魎《ちみもうりょう》による邪気がもたらすと解釈した。そこで山伏や陰陽師、鳴弦などが祈禱によって邪気を払うことで、出産の安全を確保しようとしたのである。

さて図版⑦の『餓鬼草紙』は、出産直後の光景を描いたものだが、嬰児に手を出す怪物の姿が見える。部屋の女性たちは出産を喜ぶばかりで怪物に目を向けていない。人間の目には見えないのだ。

この怪物は「食小児餓鬼《じきしょうにがき》」と言って、生前の悪行の報いで、生まれたばかりの赤ちゃんを食べるように宿命づけられた餓鬼である。

医学が発達していなかった当時は、せっかく生まれてきた乳児がすぐに死んでしまうことも少なくなかった。その時は「食小児餓鬼」の仕業だと考えられたのだろう。

『餓鬼草紙』の産室の隣の部屋には、僧侶の他に上半身裸の女性がいる。その側には白い小袖が脱ぎ散らかされている。保立道久氏はこの女性を巫女と推定する。彼女は最初は小袖を着ていたが、祈禱を行っていくうちに神がかり、トランス状態になり、自ら小袖を脱ぎ捨て半裸になったと言うのである。保立氏は他の絵巻からも半裸の巫女を見つけており、その見解は一定の説得力を持つ。

しかし徳永誓子氏は、出産を妨害するモノノケを自らに寄り憑けることで安産を実現するのが巫女の役割と論じている。病気の際、邪気をヨリマシ（身代わりとなる人やモノ）に移して治すという祈禱は文献資料に散見される。髪を振り乱して苦しんでいたと思しき巫女の姿を見る限り、徳永説の方が妥当であるように感じられる。

巫女の側に置かれているのは双六盤である。後述するように、当時の双六は賭博の一種だった（本書176P）。しかし出産のために呼ばれた巫女が賭博で遊ぶはずはないので、保立氏が推測するように、祈禱あるいは占いに用いる道具なのだろう。

賭博と祈禱と言うと、正反対にも思えるが、医学が未発達の時代において、出産は一か八かの博打に通じるところがある。要は運任せ、神頼みなのである。

ところで、産室に入る人が限定されるのは何故か。これは「ケガレ忌避観念」が影響し

図版⑦　『餓鬼草紙　本紙』

ている と思われる。ケガレ忌避観念とは、9世紀以降の貴族社会で発達した観念である。人の死と出産、六畜（馬・羊・牛・犬・猪・鶏）の死と産、その肉を食うこと、女性の生理、喪を弔うこと、病人の見舞いに行くことなどに接した人間は穢れた存在とされ、穢が解消されるまでの一定期間は神事や宮廷行事などへの参加を禁じられた。穢は伝染するものと考えられており、穢れた人間や穢れた場所と接すると、その人も穢れる。

穢には甲乙丙丁という強弱があり、穢の発生源は甲穢となる。甲穢の所に行った人は乙穢となり、乙穢の人と同席すると丙穢となる、といった具合である。

出産時の穢、すなわち産穢《さんえ》は出産後7日間継続すると考えられていた。大路に産屋を仮設するという先述の風習も、産穢対策であろう。自分の家の部屋で出産を行うと、その部屋が穢れて一定期間使えなくなるので、別の場所で出産するのである。

では、なぜ出産で穢が発生すると認識されたのだろうか。諸史料には明記されていないが、出産に伴い汚物が排出されること、出産が流産や死産など死と紙一重の関係にあることなどが理由として想定されている。

先に見たように、新生児を狙って「食小児餓鬼」など魑魅魍魎が寄ってくると思われていたので、餓鬼に接することで穢れるとみなしたのかもしれない。ただし、近年ケガレ研究を精力的に進める片岡耕平氏は、魑魅魍魎の邪気を払う僧侶も穢を恐れていることから、魑魅魍魎と産穢は無関係と主張している。この問題については、学界で今後も議論が必要であろう。

興味深いことに、産穢は忌避されるだけのものではなかった。中世に入ると、産穢を避けず、あえて産穢を受ける動向も見られる。

中世には養子との絆を強調する際、「うふや（産屋）のなかより養子としてやしないたる」（「田代文書《たしろもんじょ》」鎌倉遺文１８７８１号）や「襁褓《むつき》の中より養育奉る間」（「金剛三昧院《こんごうさんまいいん》文書」鎌倉遺文２０３８３号）といった表現が頻出するようになる（本書24P）。血のつながらない子であっても、産まれて間もない頃から育てれば実子同然の絆がある、というわけだ。

この類似表現として、「産穢の中より養育せしめ候」（「谷森《たにもり》文書」鎌倉遺文４１４１号）というものがある。

「産穢」は出産する女性が背負う穢であり、基本的には良くないものである。しかし逆説的ではあるが、これが母と子の絆になっていたのだ。中世家族史研究で著名な飯沼賢司氏は、養母もあえて出産の穢を受けることによって養子との絆を強めた、と主張している。

実際、中世初期の院政期以降、積極的に産所を訪れ産穢に触れる事例が見える。長治《ちょうじ》

2年（1105）、藤原宗忠《むねただ》は弟の妻が産気づいたと聞き、出産の瞬間に立ち会うべく産所に駆け付けた。姪の誕生後もしばらく部屋に留まったという。宗忠は日記『中右記《ちゅうゆうき》』に「産穢に籠居す」と記しており、意図的に産穢に触れたことが分かる。

姪の誕生の喜びに浸り、姪と深い絆を築くために、宗忠は本来マイナスであるはずの産穢に積極的に触れた。こうした新たなケガレ観念は中世になって初めて登場する。これは中世に「家」が成立し、家族の絆が強まることとも関連すると思われる。

中世の老い

続いて「老い」について考えよう。昔の人は何歳からを「老人」とみなしていたのだろうか。

中国の唐王朝では、戸籍によって人民の年齢を把握し、3歳以下を「黄」、4～15歳を「小」、16～20歳を「中」、21～59歳を「丁」、60歳以上を「老」と区分した。

日本の古代国家は律令という唐の法体系（本書20P）を導入したため、同様の年齢区分を行った。大宝元年（701）に制定された大宝令では3歳以下を「黄」、4～16歳を「小」、17～20歳を「中」、21～60歳を「丁」、61～65歳を「老」、66歳以上を「耆《き》」と区分した。その後、中を18歳以上、丁を22歳以上、老を60歳以上、耆を65歳以上に改めている。

このような年齢区分は、年齢ごとに課税額を変えるために設定された。課税対象となる成年男子を丁と呼び、そのうち22～59歳の男子を「正丁」とし、60歳以上を「老丁」、18～21歳を「中男（少丁）」とした。そして老丁と残疾（22～59歳の軽度の身体障害者）を合わせて「次丁」とした。律令国家財政の基盤となる主要な税である租《そ》庸調《ようちょう》のうち、租は一律に賦課されたが、庸・調は正丁・次丁・中男の別によって負担額が違う。

庸（本来は労役だが、その代わりに米・布などを負担）に関しては正丁と次丁が負担するが、次丁は正丁の半分だけ負担した。

調（布もしくは地方の特産品）は正丁・次丁・中男が負担するが、次丁は正丁の半分、中男は正丁の4分の1を負担した。

65歳以上の「耆」には税負担の義務がない。古代には65歳で現役引退とみなされたのである。現代の日本でも65歳定年制が少しずつ浸透しており、古代に回帰しつつあると言えるかもしれない。なお律令官僚の定年は70歳であった。

では、中世の年齢区分はどのようなものだったのだろうか。まず百姓から見てみよう。

中世後期以降、惣村の自治が進むが、村の運営に関わる正規構成員は15～60歳の男性で、

61歳以上の翁は参加しなかった。彼らは息子に跡を譲って隠居していたのである。60歳を過ぎたら現役引退というのが原則だったようだ。

また戦国時代の名医、曲直瀬道三（本書108P）が天正《てんしょう》2年（1574）に著した医書『啓迪集《けいてきしゅう》』には「老人門」という項目があり、そこで対象にしているのは60歳以上である。やはり60歳以上は「老人」なのである。

武士の場合はどうだろうか。鎌倉後期～南北朝期に制定された武家家訓「極楽寺殿御消息」（本書75P）の46条には、「三十、四十、五十までは、君をまも（守）り、民をはぐく（育）み、身をおさ（修）むることはり（理）を心得て、仁義ただしくして、内には五戒をたも（保）ち、政道をむね（旨）とすべし」とある。五戒とは在家の仏教徒が守るべき5つの禁止事項のことである（本書72P）。

続けて「さて六十にならば、何事も一篇にうちすてて、後世一大事をねがひて、念仏を申すべし」とある。60歳になったら隠居して、極楽往生を願って念仏を唱えよというのだ。武士の場合も60歳が現役引退の目安だったようだ。

能楽の大成者である世阿弥《ぜあみ》は主著『風姿花伝』の第1章「年来稽古条々」で、年齢に応じた稽古の仕方を解説している。

能楽の場合、7歳頃に入門する。この時期はあまり厳しく指導せず、子どものやりたいように演じさせるのが良いと世阿弥は説く。

12～13歳の少年は姿と言い、声と言い、とても美しく花がある。だがそれは一時的な「時分の花」であり、芸を磨いたことで生まれる「まことの花」ではない。だから稽古を怠ってはいけない。その後、声変わりして背が伸びると「第一の花」は失われてしまうが、ここが我慢の時期である。人に笑われようとも、焦らず稽古を積むべきである。

世阿弥によれば、34～35歳が「盛りの極め」で、この年齢で芸を極められないと、40歳で下り坂になるという。44～45歳頃になったら、若い役者に花を譲るようにして、自分は控えめに演じるべきだと諭す。年齢を重ねるにつれて容姿は衰え芸の魅力は薄れていくが、「この頃まで失せざらん花こそ、まことの花にてはあるべけれ」という。

50歳を過ぎると年齢による衰えは隠せず、「騏驎《きりん》も老いては駑馬《どば》に劣る」という状態になる。だが「まことに得たらん能者ならば、物数はみなみな失せて、善悪見所は少なしとも、花は残るべし」という。世阿弥の父である観阿弥は50歳を過ぎても能を演じ、そのまま亡くなった。『風姿花伝』第1章執筆時の世阿弥は30代と考えられているので、世阿弥は父の姿を見て、名人ならば「生涯現役」は可能、と思ったのだろう。

中世の医療

「生」「老」と来て、次は「病」である。しかし病気そのものの話をしても面白くないので、病気の治療法、すなわち医療について説明する。なお出産の説明で見たように、この時代には祈禱も病気への対処法の1つだったが、ここでは省略する。

まずはルイス・フロイスによる日本中世の医療に対する評価が参考になる。『日欧文化比較』の第9章は医療に関する日欧比較である。いくつか見てみよう。

まず「われわれの間では傷を縫う。日本人は傷口に膠《にかわ》を塗った紙片を置く」とある（9項）。後述するように、当時の日本では外科的治療は主流ではなかった。紙片を置くというのは膏薬《こうやく》を貼ることだろう。

そして「われわれの病人は、食欲がない場合に、人々は彼に無理にでも食べさせようとつとめる。日本人はそれを残酷だと考え、食欲のない病人は死ぬに任せる」とある（12項）。これだけ読むと当時の日本人が薄情に映るが、これは漢方の考え方である。江戸時代の書物だが、貝原益軒の『養生訓』には、「服薬の時多く食へば薬力とどこほりて力なし……味こき物を食して、薬力を損ずべからず」とある。脂っこいものなどをたくさん食べると、かえって胃腸を疲れさせてしまうので、一定の食事制限には合理性がある。

さらに「われわれの間では医者は試験を受けていなければ、罰せられ、治療をすることはできない。日本では生計をたてるために、望む者はふつう誰でも医者になれる」と指摘する（18項）。

他の証言も見ておこう。1584年、マカオにいた宣教師ロレンソ・メシアがポルトガル本国の神父ミゲル・デ・ソウザに宛てた手紙には次のようにある。「日本人は一般にはなはだ健康であるが、気候の温和で健康に適したためと、多く食わず、また多くの病の原因となる冷水を飲まぬためであろう。病むことがあってもほとんど薬を用いず、短期間に健康を回復する。彼らは一切の病に対し銀の針を胃、腕、背などに刺す習慣である」。「冷水を飲まない」というのは、生水を飲まず、沸騰させた白湯を飲んでいるということだろう。特に後半の記述が注目される。要は鍼《はり》治療のことで、西洋人には奇異に見えたようだ。

さてフロイスが指摘するように、中世の日本では、医師資格は事実上存在しなかった。中世になると、朝廷の典薬寮・内薬司に属する官医だけでなく、多くの民間医を確認できる。

鎌倉時代には医僧が民間医だったが、室町時代以降は僧侶以外の民間医が増加した。京都や奈良の町には著名な医師が多くおり、彼らのもとで医学修行に励む者もいた。

官医が正規の医師であるのに対し、民間医はいわば無免許医である。このため一部では「藪医師」と揶揄《やゆ》されたが、室町時代には官医を超える技量を持ち、朝廷や幕府に招かれる名医も登場した。

その代表が坂士仏《さかしぶつ》である。永和《えいわ》2年(1376)の冬、後円融《ごえんゆう》天皇が喉のしびれを訴えた際、丹波篤直《たんばあつなお》・和気繁成《わけしげなり》らの官医の治療が功を奏さなかったため、民間医の坂士仏が呼ばれた。士仏が鍼によってたちまち治療したため、その功績によって法印に叙せられた(『後愚昧記《ごぐまいき》』)。以後、士仏は皇室・将軍家かかりつけの名医として名を馳せ、戦国時代には「医を学び神に入る」と称されるほど伝説的な存在になっていた。

右に見えるように、民間医も功績があれば、法印・法眼・法橋などの僧位に叙せられ、かつ宮内卿・治部卿・刑部卿・民部卿といった朝官に補せられた。事実上の民間医公認である。よってフロイスが説く通り、誰でも医者の看板を掲げることができた。

現代人から見ると、これは非常に恐ろしいことである。藪医者にかかって、かえって病状を悪化させてしまう事例もしばしばあっただろう。

中世の医科

ところで、中世の医者にはどのような種類があったのだろうか。

中世の医療の主流は、内科であった。このため当時、内科医のことを「本道医」と呼んだ。

この時代の内科医療は、漢方薬によって治療する漢方医療である。フロイスは「われわれの間では医者が薬屋のために処方を書く。日本の医者は自分の家から薬を届ける」（5項）と記している。日本の内科医の主な仕事は漢方薬の調剤だったのである。

日本中世における内科医療の革新に先鞭をつけたのは、田代三喜であった（本書１０９Ｐ）。三喜は長享《ちょうきょう》元年（１４８７）に23歳で遣明船《けんみんせん》に乗って明（当時中国にあった王朝。元の後に成立）に渡り、明応《めいおう》7年（１４９８）に帰国した。三喜は中国の金《きん》・元時代に発展した最新の李《り》朱《しゅ》医学（当時は「当流医学」と呼ばれた）を学び、日本に広めた。

李朱医学とは李《り》東垣《とうえん》・朱丹渓《しゅたんけい》らが提唱した新しい漢方医学である。彼らは発汗剤・吐瀉剤・下剤などによって体内の悪いものを外に出す宋代の強引な治療を批判し、温補剤（人参湯など）を用いて身体を温め胃腸の調子を整えることで自然治癒力を高め、病気になららない身体づくりを目指した。この田代三喜から李朱医学を学び日本医学中興の祖となったのが、前出の曲直瀬道三である。李朱医学は道三の『啓迪集』によって広まった。

さらに田代三喜・曲直瀬道三が活躍した時期には、もう一つ大きな出来事があった。大永《だいえい》8年（1528）に堺の商人である阿佐井野宗瑞が『医書大全』という明の医学書を刊行したのである。この本は少し前に明から輸入されて医者の間で重宝されたが、冊数が少なく人々に行き届かなかったので、日本で改めて復刻、刊行したのである。

この『医書大全』は広く民間に向けて刊行された日本初の医書である。特に複数の写本を対校し、薬の分量を正確に記したことで、日本の漢方医学を飛躍的に進展させた。

次に、外科医のことは疵《きず》医師と呼んだ。ただし本格的な麻酔がない時代に外科医の治療対象になるのは、体の内部よりも、体の表面に現れた腫物や傷及び骨折・脱臼などであった。

切開手術によって体内の患部に直接触れることができない以上、外科医にできることは限られる。このため医学の本流とはみなされず、「本道」ではないという意味で「外科」「外境」などと呼ばれた。

永観《えいかん》2年（984）に完成した日本最古の医学書である『医心方《いしんほう》』には傷口の縫い方、

包帯の巻き方、止血方法、傷口に塗る薬などに関する解説がある。よって、日本の医者は傷口の縫合をしないというフロイスの証言は誇張である。

南北朝内乱によって死傷者が続出すると阿弥《あみ》号を持つ時宗の僧侶（「時衆」と呼んだ）が陣僧として従軍し弔いなどを行ったが、戦傷の処置を行う者も現れ、外科医術が発達した。永正《えいしょう》年間（1504―1521）には『金創秘伝《きんそうひでん》』が刊行され、気つけ薬を与えながら止血をし、傷を洗い膏薬を与える方法や矢尻・金具が折れて体内にとどまったものを抜く方法などが解説されている。ただ赤子の糞を用いるなど、現代から見ると疑問が多い。

戦国時代に南蛮人が来日すると、オリーブオイルやラードなどが膏薬として用いられるようになった。南蛮人の外科医では、豊後府内（現在の大分市）に病院を建設したルイス・デ・アルメイダが有名である。南蛮人の医療技術を吸収した鷹取秀次《たかとりひでつぐ》（通称甚右衛門尉）は慶長《けいちょう》15年（1610）に『外療細壍《がいりょうさいざん》』を刊行している。ちなみに怪我をすることが多い武士の場合、島津義弘のように自ら傷の治療法を学ぶ者もいた（『上井覚兼日記《うわいかくけん》』）。

目医師・目医者と呼ばれる眼科医も平安時代から史料上に確認できる。『医心方』によれば、薬（内服・点眼）だけでなく鍼灸も用いたらしい。

平安末期から鎌倉初期に描かれたとされる絵巻『病草紙《やまいのそうし》』には、目を病んでいた大和

図版⑧　『病草子』

国の男のもとに目の医者だと自称する男が来て、鍼が良いだろうといって目に鍼を打ったために、男の目は良くなるどころか失明してしまったという話が見える（図版⑧）。

鍼を打って目を治すと言っても、目に打つはずがないので、作り話だろう。しかし怪しげな点眼薬のせいでますます見えなくなったという人ならいてもおかしくない。そうした藪医者の横行を背景にして生み出された説話であろう。

日本眼科医の祖として有名な人物が、尾張国海東郡馬島《まじま》（現在の愛知県海東郡大治町）から出た南北朝時代の眼科医、馬島清眼《せいがん》である。ただし、馬島清眼の活躍は、後世に作られた馬島流の医書などに記されるのみで、同時代史料には見えない。半ば伝説上の人物であろう。

戦国末期、島津貴久・義久親子に仕えた上井覚兼の日記には、「馬島宗寿軒《そうじゅけん》と申　候《もうしそうろう》目医者」がしばしば登場する。馬島流は江戸時代に眼科医の最高峰とみなされているが、戦国時代から既に全国的に活動していたと思われる。

貴族の葬送

最後に「死」について。中世人は臨終において何をしたのか、そして亡くなった後、周囲の人は何をしたのかを見てみよう。

史料上確認できる日本における火葬の初見は、文武《もんむ》天皇4年（700）である。僧道昭《どうしょう》の遺体が彼の遺言に基づき火葬に付された（『続日本紀』）。火葬は仏教由来の葬法なので、僧侶が火葬の元祖というのは納得できる。

また大宝《たいほう》3年（703）に持統上皇が崩御した際、火葬されている（同上）。これは皇族の火葬の初例である。

なお持統上皇の火葬について、井沢元彦氏は「死のケガレを除去するため」と説明する。だがこの時代に死穢、死のケガレという認識が存在したことは、史料によって証明されていない。

むろん素朴な死への恐怖や、死体の腐敗への嫌悪感は超歴史的に存在しただろう。けれども、死体がある場所、空間までもが穢れ、そこに出入りした人も穢れるという感覚（本書130P）が奈良時代に既にあったかどうかは定かではない。

奈良時代以前には貴人が亡くなった場合、殯《もがり》が行われた。殯とは、死人を埋葬するに先だって、しばらくの間、遺体を棺に納めて弔うことを指す。死者との別れを惜しみ、また死者の復活を願う期間である。この時代は医学が発達しておらず、生死判定も正確ではなかったので、仮死状態の人が棺で目を覚ますこともあったのだろう。遺体の腐敗・白骨化などによって死を最終的に確認した後、遺体を埋葬したのである。

この殯の期間は数カ月、長ければ1年以上である。もしこの時代の人が死穢を恐れていたのなら、死穢の蔓延を避けるために、すぐに埋葬しているだろう。この点で井沢説は成り立たない。

持統上皇は火葬された後、夫である天武天皇の墓に合葬されており、持統上皇の火葬は、民衆の負担を軽減するための葬儀の簡素化（薄葬）が目的だったと考えられる。以後、上流社会で火葬が普及していき、平安時代には天皇や貴族、高位の僧侶は火葬が一般的にな

図版⑨　『融通念仏縁起絵巻（模本）下巻　本文２』

った。

死後に極楽浄土に往くこと（往生）を願う浄土思想の普及により、臨終前に阿弥陀如来像の手に五色の糸を結びつけ、その端を手に取って念仏を唱えるという作法が普及する。源信《げんしん》が寛和《かんな》元年（985）に著した『往生要集《おうじようようしゆう》』が広めた作法である。藤原道長も右の作法で極楽往生を願いつつ亡くなったという（『栄花物語』）。

死の直前に出家する臨終出家も見られるようになった。これもまた、出家していた方が極楽往生の確率が上がるという発想である。急死してしまい出家の余裕がなかった場合は、死者の髪を剃り、僧侶が戒を授ける死後出家が行われた。

遺体は棺に納められた。前出の『融通念仏縁起絵巻』下巻には良忍入滅の場面があるが、そこには良忍の遺体を納めるための棺が描かれている（図版⑨）。中世後期以降、寝棺から座棺に移行した。

入棺の前には遺体を湯で洗った。これを「湯殿」「沐浴」と呼んだ。ただし隅々まで洗うわけではなく、顔にだけ水をかけるなど形式的な事例が多い。中世後期になると、禅宗の影響で遺体を入浴させる湯灌《ゆかん》の事例が増えた。

そして梵字《ぼんじ》を書いた衣で遺体を包んで入棺する。この際、死者の子息は「あまがつ」と呼ばれる人形を棺に入れる。これは死者が生者を死の世界に連れて行くのを防ぐための措置である。要は身代わりだ。

鎌倉時代までは葬送は夜に行われており、棺を牛車に乗せ（天皇・上皇の葬式には輿を使う）、火葬施設まで運んだ。沐浴・入棺・骨拾いなど葬送の実務は身内や使用人が行っていたが、鎌倉期以降、僧侶に一任するようになった。

永続的な墓標として、五輪塔・宝篋印塔《ほうきょういんとう》（図版⑩⑪⑫）などの墓塔が建立されるようになるのも、中世からである。平安時代には貴族でも卒塔婆《そとば》を建てる程度で済ませること

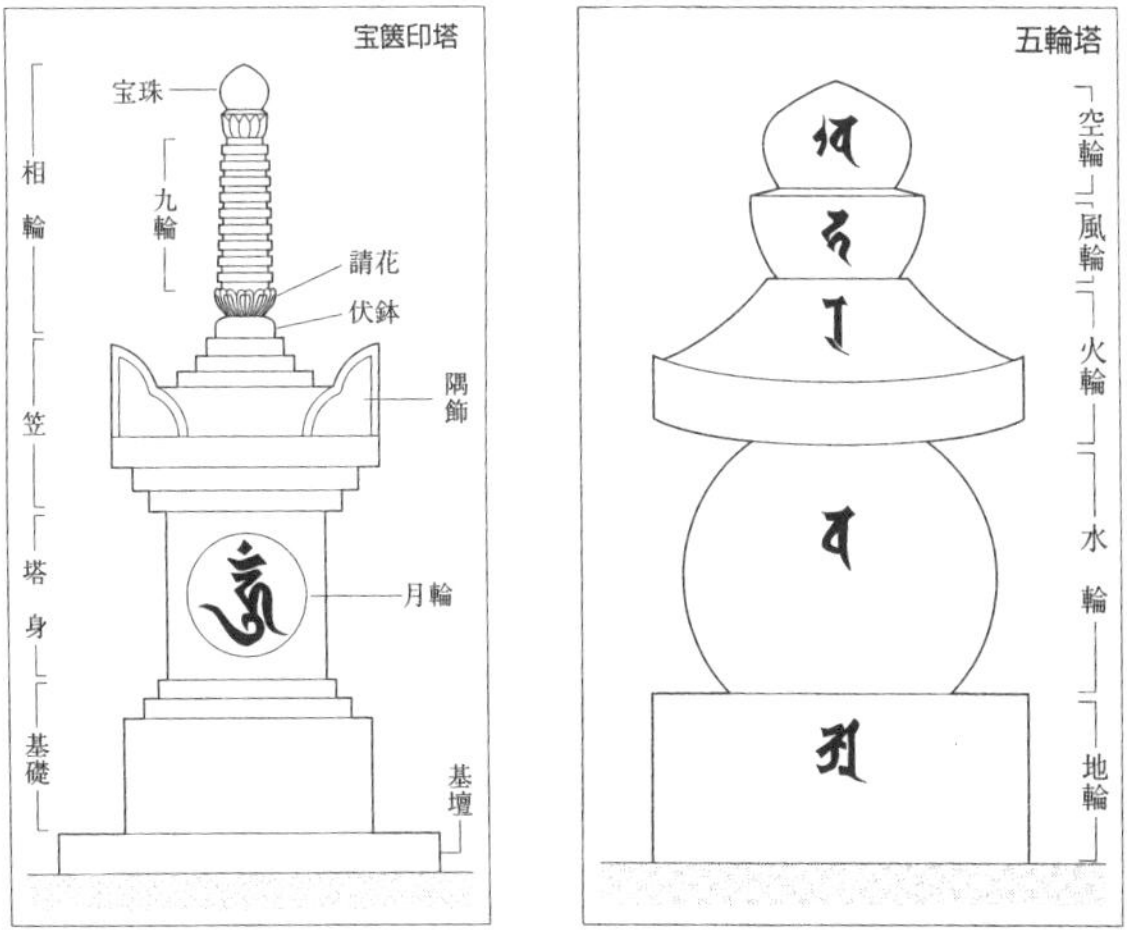

図版⑩

図版⑪　宝篋印塔

図版⑫　五輪塔

も少なくなかった。現代の葬送の原型ができたのは中世と言えるだろう。

庶民の葬送とケガレ

庶民の場合、人が亡くなった時、死体をどう処理していたのだろうか。有力農民の場合、屋敷墓を作って土葬することもあったようだが、一般民衆は古代以来、風葬を行っていた。すなわち、山野や河原などに自然発生的に成立した葬地に死者を置いてそのまま帰るのが普通である。埋葬しないのである。

それはただの死体遺棄ではないか、と思うかもしれない。しかし供物は添えるので、捨てているのではなく葬っているのである。

この時代には、まだ香典の風習も、念仏講などの葬式互助組織もなかった。そのため、葬式を挙げる費用がない貧しい人、親族が少ない人は死者を風葬するしかなかったのだ。夫に先立たれ、他に身寄りがいない女性の場合、夫の遺体を葬地に運ぶことさえ容易ではない。当時は近隣の人が葬式を手伝ってくれる慣習はないので、人を雇うしかないが、そのお金がなければどうしようもない。中世前期の説話集には、夫を葬れず途方に暮れる女性を僧侶が救う話が散見される。

自分の葬式のことで家族に迷惑をかけたくないからと、死期を悟った男が自ら葬地に赴くという話も中世の往生伝にしばしば見える。

なお『餓鬼草紙』には葬地を描いた場面があり、その中には風葬も見える（図版⑬）。風葬と言っても、ただ死体を放置するのではなく、棺に入れたり、むしろの上に置かれたりしている。

この『餓鬼草紙』に限らず、中世の絵巻では風葬された死体は基本的に裸で描かれる。このため中世の死者は裸で葬られたという説が唱えられた。しかし中世葬制史研究の第一人者である勝田至氏は、この説を批判した。

芥川龍之介の小説『羅生門』の元になった『今昔物語集』第29巻第18話「羅城門登上層見死人盗人語」では、羅城門の上層に遺棄された「死人の着たる衣」を盗人が奪い取っている。勝田氏は類似の事例をいくつか挙げ、中世の遺棄死体が裸なのは、乞食などが衣服をはぎ取るからだと主張している。首肯すべき見解であろう。

図版⑬を見れば分かるように、埋葬されていない死体は犬や烏に食われる。このため平安時代の京都では、しばしば野良犬が死体の一部をくわえて貴族の屋敷に侵入し、五体不具穢を発生させた。五体不具穢とは死体の一部だけが存在する場合の穢である。通常の死

図版⑬　『餓鬼草紙　本紙』

穢が30日間続くのに対し7日間の穢と考えられていた。

勝田氏は「死体の腐敗への嫌悪は「穢」という形で制度化されているが、逆説的にこの制度がもっとも発達した平安時代には地上に死体が放置されるのが普通だった」と指摘する。平安京の道端には死体がゴロゴロしており、いちいち気に病んでいたら切りがない。

平安貴族にとって穢とは、朝廷に出仕できないとか、神事・祭祀に参加できないとか、そういう実務上の問題である。時間が経てば穢は解消する。歴史哲学書『愚管抄《ぐかんしょう》』の作者として知られる僧侶の慈円（本書89P）も「自分の死穢は三十日で消えるので、以後は普段通りに生活せよ」と遺言している。貴族が穢を心の底から恐れ、忌み嫌っていたとする井沢元彦氏の理解（『逆説の日本史』など）は誤りである。

もちろん、穢はないに越したことはない。貴族の使用人などが瀕死の重態に陥った場合、主人によって屋敷の外に追い出される事例がしばしば見られる。これは屋敷に死穢が及ぶのを嫌ったためで、貴族の冷淡さを示す振る舞いとして良く知られている（ただし食料を与えた上で追い出したようである）。

一方で、近親者や主君が亡くなる際、あえて臨終に立ち会い死穢に触れることで、恩に報い絆を示す事例が、院政期以降見えてくる。最も有名な事例は、白河《しらかわ》天皇のそれである。

白河天皇は重病の中宮賢子《けんし》を慣例に反して宮中に留め（死穢を避けるため后であっても重病になったら退出させるのが慣例）、彼女が死ぬと亡骸を抱いて離さなかった。「前例がないこと」と諌める源俊明《としあき》に対し、白河天皇は「これが今後の前例になるのだ」と言い放ったという（『古事談』）。

最も清浄であるべき天皇がケガレを恐れずに死体を抱いた。賢子への強い愛が伝わってくる逸話である。右のような意図的に死穢に触れるという行為は、前述の意図的に産穢に触れる行為と対応していると思われる。つまり全ての死穢を一律に嫌ったのではなく、自分と関わりの薄い者、身分の低い者による死穢を嫌ったのである。

さて12世紀後半から13世紀にかけて、全国的に大規模な共同墓地が出現する（火葬も土葬も見られる）。これらは奈良県などで現在も多く見られる惣墓《そうばか》の原型と考えられる。惣墓は郷墓とも言い、周辺数カ村の共同墓地のことである。前掲の『餓鬼草紙』の葬地には松を植えた盛土塚や笠塔婆と釘貫《くぎぬき》（柵）を設けた石積塚、五輪塔と釘貫を設けた石積塚などが見え、共同墓地と解される。

室町時代になると、全国各地に小型の石塔が現れる。これは、より下の階層まで石の墓を建てる習慣が広がったことを示すと考えられる。

図版⑭　一石五輪塔

東海以西の各地では五輪塔を1つの石から刻みだした一石五輪塔が15世紀に造られはじめ、戦国時代から近世前期にかけて流行した（図版⑭）。

地輪・水輪・火輪・風輪・空輪の5石をきれいに整形しなければならない通常の五輪塔に比べ、一石五輪塔は制作が簡単で費用も低く抑えられると推定できる。したがって一石五輪塔も、これまで五輪塔を建ててきた階層よりも下の階層が五輪塔を建てるようになったことの表れであろう。ただし一石五輪塔を建てるのにも、それなりの手間と費用がかかるので、「庶民」ではなく、厳密には上層農民の墓と思われる。

とはいえ、墓を建てる階層は確実に下降していった。やはり中世は現代に連なっているのである。

第二部　交流の歴史学

中世の宴会

畳・障子・床の間などから構成される和室、醬油や砂糖によって調味される和食——これら日本人の生活文化の原型が形成されたのは、室町時代とされる。

この室町文化の特徴を一言で述べるなら、「寄合《よりあい》の文化」ということになろう。大勢が寄り集まって、気取らない雰囲気の中で文芸を楽しむ。和歌や管絃《かんげん》といった、従来の貴族文化は、政治と密接な関係を有していた。それに比べると、室町文化は自由で平等な性格を持つ。それは、この時代に一揆《いっき》が盛んに結ばれたことと無関係ではないだろう（拙著『一揆の原理』ちくま学芸文庫）。

室町文化は時代が下るにつれて芸術性を高めていくが、もともとは娯楽性が強かった。たとえば現在の茶道の元となった闘茶は、複数の茶を飲んで茶葉の異同を当て懸物《かけもの》と呼ばれる景品を争う勝負事であった。利き酒大会ならぬ利き茶大会である。連歌の場合にも、懸物つきの「連歌勝負」が少なくなかった。

こうした遊興が行われる会場の装飾（「室礼《しつらい》」という）も重視された。屛風《びょうぶ》を立て回したり、唐絵の軸物を掛けたり、二階棚を置いて調度を並べたりと、趣向をこらす。現在の生け花の源流である立花《たてばな》も、座敷飾りの一環として発達したのである。

＊

言うまでもなく、右に見た賭博的な遊戯に酒はつきものだった。酒を飲んだ後に歌を詠み、連歌会が終わればまた酒宴。まずは一献、その後に闘茶を行い、賞品の贈呈が終わると酒に移る。今日の遊びにたとえるなら、ゴルフコンペの後に、表彰式とパーティーをやるようなものだろうか。

武士・貴族・僧侶など室町時代の上流階級の面々は、寄ると触ると酒宴を開いている。ことによると、みんなで酒を飲むために連歌会や茶会を企画しているのではないか、と勘ぐりたくなるほどである。その意味では「酒宴が室町文化を生んだ」という見方も可能だろう。

＊

もちろん宴会は太古の昔から行われてきたのであり、室町社会に固有の慣習ではない。しかし室町時代には、毎晩のように饗宴《きょうえん》が催され、何より一度の宴会での飲酒量が前代より格段に増えた。鶯《うぐいす》飲み・十度飲みなど早飲み競争も行われた。このため、酒席で嘔《おう》吐《と》し前後不覚になることが珍しくなくなった。いわゆる「無礼講」である。

私たちにとってなじみ深い「二日酔い」という言葉が登場したのも、この時代だという。二日酔いが原因の面会ドタキャン、欠席などもしばしば見られる。

戦国時代の日本を訪れたイエズス会宣教師ルイス・フロイス（本書48P）は、ヨーロッパ人と異なり、日本人は酒を非常にしつこくすすめ合い、また酔っぱらうことを恥辱ではなく名誉と考える、と記している（『日欧文化比較』第6章38項）。室町時代、そして現代のどんちゃん騒ぎをふりかえると、あながち異教徒への偏見としりぞけられない。

昨今は「若者の酒離れ」が語られ、「アルハラ」という言葉も定着した。私たちは室町時代から続く「飲みニケーション」に代わる、新しい交流・親睦のあり方を見つけるべきなのだろう。

このように第二部では、今の生活に通じる「交流」、人づきあいの歴史を探っていく。

中世の寺社めぐり

最近、神社や寺院を回って、御朱印を集める若い女性が増えているそうで、ＮＨＫの情報番組も「御朱印ガール」として取り上げたらしい。ネットでは「スタンプラリー感覚で集めるのはいかがなものか」との批判も見られる。

別に彼女たちの肩を持つわけではないが、寺社参詣《さんけい》の娯楽化は今に始まったことではない。江戸時代、幕府や藩は民衆、特に農民の長期旅行を厳しく制限したが、信仰行為である参詣に関しては比較的寛容であった。そこで人々は、参詣、中でも伊勢神宮への参詣（伊勢参宮）を名目として旅立ったのである。

信心はタテマエで実際の動機は不純な参詣者の需要に応じて、街道筋どころか社寺の門前にまで茶屋や遊女屋が立ち並んだ。交通史の泰斗である新城常三は大著『新稿　社寺参詣の社会経済史的研究』（塙書房）において「かくのごとく神聖なる門前は、遊蕩《ゆうとう》の巷《ちまた》と化した」と慨嘆している。

＊

しかし、関東地方から伊勢参宮を果たそうとすると、往復30日を要するため、その旅費は庶民が気軽に出せる額ではない。そこで大勢が集まって金を積み立て、数名の代表者の参宮費用に充てる。これを連年もしくは何年おきかに繰り返すことで、全員が生涯に一度はお伊勢参りができるようにする。この仕組みを「伊勢講」と呼び、現在も一部の地域では存続している。

この伊勢講、江戸時代のものが有名だが、中世にもある。室町時代の朝廷に仕えた中原康富《やすとみ》という外記《げき》局の官人は「神明講」（伊勢講）に参加していた。メンバー（講衆）の中心は外記局・弁官局の官人で、康富にとって上司・同僚・部下などにあたる。二十名ほどの講衆が毎月25日に講親《こうおや》の家に集まり、参宮の費用を積み立てた。

＊

彼らの場合は代表者だけでなく、全員が一緒に参詣したようである。康富の日記『康富記』によると、応永29年（1422）の場合、4月13日に講親の家に集まり精進潔斎、翌14日に京都を出発した。16日に伊勢外宮《げくう》の門前町である山田《ようだ》に到着し、なじみの宿に泊まる。翌17日に伊勢の外宮・内宮《ないくう》を参拝して帰路につく。20日には京都に帰還し、無事を祝って講親の家で宴会をやった後に解散している。6泊7日の社員旅行といった趣である。

康富のグループ旅行はこれだけではない。日帰りの寺社めぐりも毎月やっている。七観音参詣である。京都東山周辺に点在する六角堂（頂法寺）・革堂《こうどう》（行願寺）・河崎観音（感応寺、現在は清和院《せいわいん》）・中山観音（吉田寺、現在は金戒光明寺《こんかいこうみょうじ》）・長楽寺・清水寺・六波羅蜜寺という7つの観音霊場を1日で回るのだ。観音の縁日である18日の参詣が基本だが、雨天時は延期する。

この風習は12世紀から確認されるが、室町時代に盛んになった。康富たちの七観音参詣が興味深いのは、講を組んでいる点である。彼らはくじ引きに基づき、幹事を毎月順番につとめている。参拝の後には一席設けることが多い。ただし別の用事と重なり、参加者が少ない回もある。そしてこの七観音参詣の「式衆」は伊勢講の「講衆」とほぼ重なるのである。

史料に記載はないが、康富たちが御朱印をもらっていても不思議はない。彼らは御朱印ボーイ（？）だったかもしれない。

中世の誕生日会

12月25日はクリスマス、23日は２０１８年までは天皇誕生日だった。天皇誕生日が戦前には「天長節」と呼ばれていたことは、戦前生まれの方なら覚えておいでだろう。

この「天長節」というお祝いは、明治政府によって作り出されたものではない。天宝7年（７４８）、楊貴妃とのロマンスで有名な唐の玄宗皇帝が自らの誕生日を「天長節」と称して祝い事をしたのが始まりである。日本でもこれにならって、宝亀《ほうき》6年（775）10月13日、光仁《こうにん》天皇67歳の誕生日を「天長節」と名づけて朝廷の百官に酒をふるまった。しかし、宝亀10年に2度目が行われた後、天長節の名は記録から見えなくなる。そして明治時代になって復活したのである。

このことも影響してか、近代以前の日本には毎年の誕生日を祝う習慣はない、と学界では考えられてきた。明治以後、西洋の風習を採り入れた、というのである。江戸時代に誕生日祝いをしている事実も個別的には報告されたが、事例が少ないため注目を浴びることはなかった。

周知のように、誕生日ごとに年をとる満年齢が制度化されたのは戦後になってからである。それまでは正月に年をとる数え年が用いられていたので、誕生日の意義は現在ほど大きくなかった。このため、誕生日祝いの習慣は世間一般には広まっていなかった、と判断されたのだ。

ところが近年、鵜澤由美氏が、近世における誕生日行事を網羅的に検討し、上は天皇・将軍から、下は庶民にいたるまで、誕生日を祝って餅や赤飯を食べていたことを解明した。では、中世はどうだったのだろうか。

これに関しては最近、私の先輩である木下聡氏が「中世における誕生日」という論文を発表している。それによれば、金閣を造営したことで知られる室町幕府3代将軍である足利義満に対して禅僧たちがしばしば「誕生祈禱」を行っているという。鵜澤氏が既に指摘しているが、中近世日本の誕生日行事の中核は、僧侶に長寿の祈禱を行ってもらうことだったようだ。祈禱してもらうついでに、義満が禅僧たちと禅問答を行うこともあった。

誕生日の祈禱は禅宗文化圏で始まったが、足利義満が自分の誕生日に大々的に祈禱させるようになった結果、誕生日祈禱が将軍家の公式行事になったと木下氏は主張している。さらに、これを契機として、誕生日祈禱の風習が大名や公家の間にも広まったのではないか、と推測している。

興味深いことに、足利義満が生まれたのは8月22日である（近衛道嗣《みちつぐ》の日記『愚管記《ぐかんき》』などから判明）にもかかわらず、義満は8月22日だけでなく、毎月22日に誕生日会を行っている。享徳3年（1454）に関東で作成された「鎌倉年中行事」には、鎌倉公方（足利一門で関東の統治を将軍から任された、本書83P）の毎月の誕生日の行事（祈禱、酒宴など）が記されている。同史料によれば、「正御誕生日」には終日酒宴が行われるという。

つまり本当の誕生日である「正誕生日」の他に、毎月の誕生日も祝っていたのである。

これは私の推測だが、命日に対応していたのではないだろうか。中世においては、祥月命日だけでなく月命日にも供養をきちんと行っている。読経や祈禱が行われる中世の誕生日会は一種の「仏事」だったのかもしれない。

中世のお正月

読者の皆様はお正月をいかが過ごされただろうか。家族水入らずの正月だろうか。親族や知人の家を訪れる方も多いだろう。

中世の人々は、どのような正月を送っていたのか。室町時代の官人・中原康富に再登場願おう。

文安5年（1448）の正月1日、康富はまず行水で身を清め、諸神諸仏に拝礼し、お経を読んだ。そして、母親に新年の挨拶《あいさつ》をした後（父は死没）、家中の者を集めて新年を祝った。

また康富はこの日、清原業忠《きよはらのなりただ》の邸宅を訪れ、新年の挨拶をしている。当時、康富は権《ごんの》大外記《だいげき》、業忠は局務《きよくむ》大外記だから、業忠は康富の上司にあたる。康富の家は代々、清原氏に仕えていたので、主君に年始の挨拶をするという側面もあったと考えられる。現代のマナー本には「元日は家族とゆっくり過ごす大事な時間ですから、よそ様のお宅に上がりこむのは控えましょう」などと書かれているが、朝廷に仕える官人たちは元日から動き回っていた。

＊

そもそも、この時代には「御用納め」「御用始め」という概念がない。何しろ正月1日には「元日節会《せちえ》」があるのだ。これは、天皇が群臣（朝廷の官人たち）を集めて行う年始の宴会のことで、群臣が天皇に拝礼する朝賀の儀（ただし、この時代には朝賀に代わって略式の小朝《こちょう》拝《はい》が行われた）の後に行われた。康富も元日節会に参加している。

元日から宴会なんて楽しそう、と思うかもしれないが、これは年中行事の1つであり、格式ばった儀式が延々と続く。実のところ、室町時代の朝廷業務の大半は、この種の儀式で占められている。節会を終えて帰宅した康富は日記に「窮屈々々（とても疲れた）」と記している。康富にとっては〝仕事〟なのである。

＊

一方、節会に参加しない皇族の伏見宮貞成《ふしみのみやさだふさ》親王は、元日は毎年、自邸でのんびりしている。まず早朝、白散《びゃくさん》を飲む。これは新年の健康を祈って元日に服用する散薬で、酒に加えて飲む。要するに「お屠蘇《とそ》」である。その後、強飯《こわめし》を食べる。そして家族や家臣たちを集めて宴会である。こちらの宴会は楽しそうだ。もっとも、家臣の中には元日節会に出席するため、宴会を早退する者もいた。宮仕えの悲しさはいつの世も同じである。

貞成は伏見荘の荘園領主でもあったから、小川禅啓《おがわぜんけい》ら伏見荘の沙汰人《さたにん》（管理人）たちも元日に挨拶に来る。ただし彼らは身分が低いので、屋内には上がらず庭先から挨拶する（以上、貞成の日記『看聞日記《かんもんにっき》』より）。

さて室町幕府の将軍はどうだったのか。足利義満は将軍職を息子の義持《よしもち》に譲った頃から、毎年正月2日に管領《かんれい》（将軍の補佐役で幕府ナンバー2）の屋敷を訪問し、饗応《きょうおう》を受けるようになる。これを「御成始《おなりはじめ》」という。

義満が亡くなり義持の時代になると、正月5日に畠山邸、12日に斯波《しば》邸、20日に赤松邸、22日に山名邸、23日に細川邸、26日に京極邸と、管領邸に加え諸大名の邸宅への正月御成が定例化する。正月18日の相国寺鹿苑院《ろくおんいん》御成など、寺社への御成も恒例行事となる。

年始の挨拶は、人間関係を再確認する重要な交流だったのだ。

中世の外国人

ここまでは、日本国内の「交流」を紹介してきたが、本項では国際交流について取り上げる。最近、何かと話題の日本と朝鮮半島の交流である。

江戸時代、朝鮮王朝（李氏朝鮮）が幕府に対して使節を派遣していた事実は、高校の日本史教科書にも載っているので、御存知の方も多いだろう。だが実は、「朝鮮通信使」は室町時代にも来日していた。朝鮮国王と室町幕府将軍（「日本国王」）との間の外交に携わった。

朝鮮通信使は外交だけでなく、日本の国情を偵察するという任務も帯びていた。正長《しょうちょう》元年（1428）に日本を訪れた朝鮮通信使の正使である朴瑞生《ぼくずいせい》は朝鮮帰国後、日本滞在中の見聞をくわしく報告している。その報告が『朝鮮王朝実録』に収録されている。

その中の一項を掲げる。「日本の市場では、商人は屋根の下に板で棚を作り、棚の上に商品を置きます。そのため、商品は塵で汚れず、買う人も見やすいのです。我が国の市場では、魚肉などの食品も地べたに置いて売っているので不衛生です。日本を見習ってはいかがでしょうか」と朴瑞生は提案している。教科書にも出てくる「見世棚《みせだな》」のことである。

また朴瑞生は、日本人が入浴好きで銭湯が多く営まれていることに注目している。農村に水車があることに驚き、その製造法を調査したりもしている。

このような生活風俗に関する情報は、日本の史料にはあまり記されていない。当時の日本人にとっては、ごくありふれたものだから、わざわざ書きとめておこうという考えが生じにくいのである。だから、異邦人の日本観察記が大きな価値を持つ。『朝鮮王朝実録』は朝鮮王朝の歴史書（本書２５５Ｐ）だが、日本史を知る上でも必須の史料なのだ。

とはいえ、『朝鮮王朝実録』は漢文で書かれているので、一般の方が読むのはかなり厳しい。そこでおすすめなのが、岩波文庫の『老松堂《ろうしょうどう》日本行録《にほんこうろく》』である。

応永26年（１４１９）、朝鮮王朝は倭寇の根拠地と見られる対馬を攻撃した（応永の外寇）。この軍事衝突によって緊張した日朝関係の修復のため、翌年に来日した使者が、老松堂こと宋希《そうき》璟《けい》である。彼が漢城（ソウル）―京都間を往復した9カ月の旅をつづった詩文集が『老松堂日本行録』で、外国人の手になる最古の日本紀行として知られる。日本人僧侶との漢詩での交流も見える。

もちろん右書も漢文で書かれている。だが岩波文庫版は、村井章介氏が原文を読みくだし文に改め、細かく注をつけてくれている。

さわりの部分を紹介しておこう。儒教国家である朝鮮から来た宋希璟の印象に強く残った異文化は、仏教の隆盛だった。「髪を削りて寺に居する者、平人に倍せり（僧侶の人数は一般人の倍である）」という記述はさすがに大げさだと思うが、「こんなに僧侶ばかりでは労働力が不足するのでは」と外国人の彼が心配するほどだった。

加えて、町に遊女が多く白昼でも商売していること、男色が盛んなことにもあぜんとしている。中世日本の開放的な性風俗は、謹厳実直な朝鮮官僚には刺激が強すぎたようだ。

日本の性風俗には、江戸時代に来日した朝鮮通信使も驚いている。享保《きょうほう》4年（1719）に来日した通信使の1人である申維翰《しんいかん》は帰国後に『海游録《かいゆうろく》』という日本見聞録を著している。

申維翰もまた、遊女屋が多いことに眉をひそめている。特に男娼の多さに驚愕し、他人から美少年を奪うより、妻妾を奪い取る方が簡単だと記している。通信使の接待役だった儒学者の雨森芳洲《あめのもりほうしゅう》に対し男色の盛行を非難すると、芳洲は「あなたは男色の素晴らしさをご存知ない」と返答したという。

儒教国家である朝鮮では性道徳は厳格で、おおらかな日本とは正反対であったことが分かる。こうした文化比較の材料として、外国人の日本見聞記はとても貴重なのである。

中世の集団生活

前項で『老松堂日本行録』という史料の校注本を紹介したが、読者の方から「図書館に予約すると、既に十数人に先を越されてました」とのお便りをいただいた。そこで別の本を推薦しておく。関周一『朝鮮人のみた中世日本』(吉川弘文館)である。『老松堂』や『海東諸国紀《かいとうしょこくき》』など、日本について記した朝鮮史料を丁寧に読み解いている。

さて今回は、中世の集団生活のあり方を見てみよう。学生寮や社員寮で、仲間と衣食住を共にした経験を持つ人もいるだろうが、これはあくまで一時的なものである。中世においては、一度足を踏み入れたら、以後ずっと集団生活を強いられる世界があった。寺院社会である。

平安末期から、僧侶の腐敗堕落(悪僧)が問題視されるようになり、人々は寺院社会に対して厳しい視線を向けるようになった。そこで、鎌倉時代から南北朝時代にかけて、僧侶の質を高めて世間の信頼を取り戻そうとする改革運動が、仏教界内部から巻き起こった。

優れた僧侶を育てるというと、「ものすごく厳しい修行を課すのかな」と思うかもしれない。だが、仏教改革運動の基本は、僧侶たちが規則正しい生活を送ることにあった。

南宋（中国）に渡って禅宗を学んだ栄西《ようさい》は、南宋の禅院で不非時食戒《ふひじじき》が厳格に守られていることに感銘を受けた。不非時食戒とは、僧侶が非時（正午から翌朝までの時間帯）に食事をとることを禁じる少欲知足《しょうよくちそく》の規定である。これは諸欲の中でも最も基本的な欲望である食欲を抑えることで煩悩を払おうとする仏教古来の教えであったが（『臥雲日軒録抜尤《がうんにっけんろくばつゆう》』）、当時の日本の寺院では軽視されていた。

入宋中に起草し、帰国後に発表した『出家大綱』の中で、栄西は僧侶の食事を早朝の小食（粥）と正午の中食の二食に限定するよう主張している。また建久9年（1198）に著した『興禅《こうぜん》護国論』では、飲食のほか、座禅・読経・学問などを、決められた時間にみなで集まって行うことを定めている。栄西は集団生活の徹底によって、規律の維持・向上を図ったのだ。

集団行動を原則とする考え方は日本の禅院に広く浸透した。足利尊氏の帰依を受けたことで知られる禅僧の夢窓疎石《むそうそせき》は暦応《りゃくおう》2年（1339）、臨川寺《りんせんじ》三会院《さんね》（京都市右京区）の弟子たちのために規約を定めた（「臨川家訓」）。自分の部屋で七日間過ごすのが休暇の上限とされ、病気の場合も、延寿堂という決められた場所での療養が義務づけられ、個人の自由は制限された。

もっとも、理想と現実は合致しないのが世の常である。夢窓疎石の高弟である義堂周信（本書83P）は、永和3年（1377）、弟子たちに次のような説教をしている。

「人が事をなす時は、朝早くから準備しておくと、うまくいく。昔の人も『寅の刻（午前3時～5時）に起きて準備せよ』と言っているではないか。それなのにお前たちは、朝の鐘が鳴って、起床を促されても、まだ起きず、顔も洗わない。朝粥の時間を告げる太鼓が鳴ると、あわてて手を洗い口をすすぐだけだ。これは怠け者の行いだ。頼むから、気を引きしめてくれ」（『空華日用工夫略集』）。義堂の弟子たちに、妙に親近感がわくのは、私だけだろうか。

中世の接待

一般に交流というと、プラスのイメージがあるが、一方は楽しい交流のつもりでも、もう一方は気苦労が多くて楽しむどころではない、ということはある。その典型が目上の人間に対する接待だろう。

＊

日本の接待の歴史は古い。古代には「供給《たてまつりもの》」という接待があった。これは、新任の国司が京都から武蔵国なり越前国なり任国へ下った折、下僚となる現地の官人たちが行う接待である。

まず国境で官人たちが国司を出迎え、挨拶を交わす。そして歓迎の宴を催す。これを「境迎《さかむかえ》（酒迎）」という。国司が国府（地方行政を司《つかさど》る役所）に到着すると、「落付《おちつき》」という本格的な歓迎会が開かれる。この宴会は三日三晩行われた。地方官人が中央から来た官人をもてなすのだから、まさに〝官官接待〟である。

中世に入り、荘園が全国に広がると、国司・荘園領主・地頭などが使者・代官を検注（耕地の調査）、春の勧農《かんのう》（耕作の指導）、秋の収納（年貢の徴収）のために荘園に派遣した。この場合にも接待が行われた。特に代官の赴任時には三日三晩の盛大な宴会、「三日厨《みっかくりや》」が催された。荘園によっては赴任時以外にも「三日厨」が行われた。

中世の人々は一日二食であったが、「三日厨」の期間は、「昼椀飯《おうばん》」といって、昼食も供された。三日厨が終わった後も、使者・代官が荘園に滞在している間は「平厨」という通常の宴会が行われた。宴会費はもとより、筆代・紙代・薪代、使者たちが乗ってきた馬のエサ代など雑費も、荘園の百姓たちが負担した。使者・代官が帰る時には引出物・手向《たむけ》を贈った。いわば〝あごあしお土産付き〟である。

＊

この風習を使者・代官の側が悪用することもある。「ミミヲキリ、ハナヲソギ」という衝撃的な文言で有名な阿弖河《あてかわ》荘上村百姓等言上《ごんじょう》状（「高野山文書」）は、阿弖河荘（和歌山県の旧清水町区域）上村の百姓らが、地頭の横暴を荘園領主に訴えたものだが、その告発内容の一つに地頭代（地頭の代官）らの居座りがある。村に押しかけて「年貢を完納しない限り、何十日でも居続ける」と脅迫し、饗応を強要したのだ。

備中国新見《にいみ》荘（現在の岡山県新見市）では、建武《けんむ》元年（1334）に国司の使者を迎えたが、一行は総勢83人だった（「東寺百合文書」）。どう見てもタカリである。

不必要に大勢で乗り込む事例は、他にも散見される。応永7年（1400）、若狭の漁村である多烏《たがらす》浦・汲部《つるべ》浦（現在の福井県小浜市田烏・釣姫）の百姓らは「御書状を送付されるか御使者一人を派遣されれば魚をきちんとお納めいたしますのに、大勢で村にいらっしゃるのは迷惑です」と荘園領主に抗議している（「秦《はた》家文書」）。

網野善彦は折口信夫《おりくちしのぶ》の研究を引きつつ、こうした接待の起源として、外部からの来訪者を神（「マレビト」）とみなし、共同体が宿舎や食事を提供する客人歓待儀礼を想定した。今も続くお遍路の「お接待」などは素晴らしい文化だと思うが、接待を強要するような悪習はなくしていきたいものである。

中世の遊戯

2015年に東京国立博物館で開催された特別展「鳥獣戯画　京都　高山寺の至宝」に国宝『鳥獣戯画』（高山寺《こうさんじ》本）が出品された。ウサギやサル、カエルなどが遊んでいるユーモラスな絵は眺めているだけで楽しいが、当時の遊戯が分かる貴重な史料でもある。

高山寺本の甲巻には、サルが双六《すごろく》盤（本書128P図版⑦下の箱参照）を運んでいる様子が描かれている。この盤双六は、上がり（ゴール）を目指して駒を進める絵双六とは異なり、一方が白、他方が黒の複数の駒を用いて戦う対戦型のゲームである。高山寺本からは失われているが、長尾家旧蔵模本によれば、右の画面の後にウサギとサルが囲碁の対局を行っている場面が続いていたようだ（図版⑮）。

＊

双六や囲碁は古代から貴族たちに好まれたが、やがて武士たちにも広まった。源義経を庇護《ひご》したことで知られる藤原秀衡《ひでひら》の居館跡と推定される平泉の柳之御所《やなぎのごしょ》遺跡からは、双六の駒や碁石が出土した。

寿永2年（1183）、源頼朝の重臣である上総広常《かずさひろつね》が、頼朝側近の梶原景時《かじわらかげとき》と双六をしていた。頼朝の密命を受けていた景時は、双六の最中、広常を斬殺した（『愚管抄』）。暗殺されることに気づかないほど、広常は双六に熱中していたのだろう。

大の大人が双六に夢中になる姿を奇異に思うかもしれないが、実は金品を賭けて勝負していた。鎌倉幕府はしばしば博打《ばくち》禁止令を出しており、双六を四一半《しいちはん》（現在の丁半賭博の源流）などと共に規制している（『吾妻鏡』）。

囲碁にも賭博の要素があったらしい。「中世のお正月」で触れた伏見宮貞成親王は、日記『看聞日記』に「囲碁・双六、回し打ちあり。懸物を出《い》だす」などと記している。回し打ちとは、複数の参加者が入れ替わり立ち替わり対戦するという意味だろう。懸物は勝者が獲得する賞品のことである（本書156P）。

兼好法師の随筆『徒然草』第111段には、囲碁・双六にのめりこむ人を罰当たりと批判する僧侶が登場する。懸物をともなう囲碁・双六は、博打の一種とみなされていたのだ。

*

大人だけでなく、子どもも囲碁を楽しんだ。文安元年（1444）5月、後に応仁《おうにん》の乱で東軍の大将となる細川勝元《ほそかわかつもと》（当時数えで15歳）は、香西《こうざい》と前田という二人の小姓の囲碁対局を観戦していた。ところが勝元が香西に助言したため、前田が勝元を非難した。怒った勝元は前田を追い出したが、前田は刀を持って戻ってきて、勝元に斬りかかった。武芸に長《た》けた勝元は、刀を奪い取って前田を取り押さえたという（『建内記』）。

傍目八目《おかめはちもく》と言うが、今も昔も、囲碁の見物人が勝負に口出しすると、ロクなことにならないようである。

図版⑮　『鳥獣戯画』

中世の手紙

電話、ファクス、そしてメール。通信手段の発達により、私たちは昔ほど手紙を書かなくなった。それでも、大事な人に大事なことを伝える場合には手紙が最善である。

しかし、今や手紙を書くことに苦手意識を持つ人も少なくないだろう。かくいう私も、「早く書かなくては」と思っても、気おくれしてしまう。特に目上の人に対して書く時は、失礼な言葉遣いにならないよう細心の注意を払うので、心理的負担が大きい。

中世社会においては、発信者と受信者の身分差に応じて、用いるべき言葉が細かく定められていた。これを書札礼《しよさつれい》という。中世の身分、すなわち上下関係は、基本的には官位の上下で決まるが、他の要素が考慮されることもあり、なかなか複雑である。以下に一例を挙げよう。

＊

応仁3年（1469）4月4日、京都の日野勝光《かつみつ》から、奈良興福寺の僧侶である経覚《きようがく》のところに書状が送られてきた。経覚を興福寺の別当（トップ）に任命するという朝廷の決定を伝えるものだった。その書状は「恐々謹言《きょうきょうきんげん》」という言葉で結ばれていた。現代の手紙に使われる「敬具」「謹白」などと同じで、相手に敬意を示す言葉である。

このことを知った同じ興福寺僧の尋尊《じんそん》は、「日野勝光は大臣になってからというものの、『恐々謹言』と書くようになってけしからん。かつて万里小路時房《までのこうじときふさ》は大臣になってからも『恐惶《きょうこう》謹言』と書いてきたのに」と憤っている（『大乗院寺社雑事記《だいじょういんじしゃぞうじき》』）。「恐々謹言」は「謹言」に比べれば丁寧だが、「恐惶謹言」には劣る。日野勝光は大臣に昇進したので敬語のランクを落としたのだが、無礼だと反発を買ったのだ。

＊

なぜ大臣になったのに「恐々謹言」を使ってはいけないのか。尋尊の「日野勝光に限らず、最近の名家《めいけ》の大臣は、みな『恐々謹言』と書くようになった」というぼやきがヒントになる。当時の公家の世界には、摂関家——清華家《せいがけ》——羽林家《うりんけ》——名家——それ以下、という家格の序列があった。

名家に生まれた公家は本来、大納言・中納言までにしか進めない。だが、名家の人々は朝廷の実務を担う官僚なので、優秀な者は上皇や摂関の側近として重用され、政治的に重要な役割を果たした。結果、名家に生まれながら大臣に昇る者も現れた。万里小路時房も、その1人であった。

ところが最上級貴族である摂関家から仏門に入った経覚（九条家出身）・尋尊（一条家出身）から見れば、名家は成り上がり者にすぎない。経覚は勝光について「家僕の分際で無礼な手紙である」と自分の日記に記している（『経覚私要鈔《しようしょう》』）。名家は摂関家の家来筋であり、その関係は大臣に就任しても変わらないという認識がうかがわれる。

この時代、無礼な手紙に腹を立てたら、返事を書かずに不満の意を示すのが一般的である（『満済准后《まんさいじゅごう》日記』など）。けれども経覚は怒りをおさえて返書をしたためている。

おそらく日野勝光が、時の将軍・足利義政の正室である日野富子の兄であることが影響しているのだろう。権勢家の無礼をとがめられず、日記で憂さを晴らす経覚を見ていると、身につまされる。

中世の贈答

お中元などの贈答品に悩む人は少なくないだろう。室町時代には現代よりも多くの機会に贈答が行われたが、最も盛んだったのが八朔《はっさく》である。

八朔とは「八月朔日《ついたち》」の略で、旧暦の8月1日、もしくはその前後に物を贈り合う行事である。「憑《たのみ》」ともいう。中原康富の日記『康富記』（本書160P）によれば、（承久の乱を起こしたことで知られる）後鳥羽上皇の治世の末頃に始まったという。

また『吾妻鏡』（本書37P）によると、宝治《ほうじ》元年（1247）の8月1日に、幕府は恒例の贈答を今年は禁止するという命令を出したという。6月に鎌倉で宝治合戦があったので、その影響であろう。この頃には八朔の習慣が一般化していたことが分かる。

八朔の起源は良く分かっていないが、民俗学の研究では、農村社会の風習が元になったと考えられている。この時期に、早稲《わせ》の穂が実るので、農民たちは初穂（最初に収穫した米）を贈り合ったのである。

南北朝時代の博識な禅僧、義堂周信も右の見解を採用し、「田の実」（米）と「憑」をかけているらしい、と記している（『空華日用工夫略集』）。すなわち、日頃お世話になっている人に「田の実」を送ることで、これからもよろしくと「憑む（頼む）」のである。もっとも義堂はこの説の典拠を見たことがないという。由来すら定かでない「俗習」にこだわる貴族たちを、義堂は冷ややかに見ている。

八朔の贈答品として米を贈っている事例は上流階級では見られない。では何を贈るかというと、瓜・茄子・蓮根・枝豆・砂糖・茶などの飲食物のほか、太刀・紙・屛風・扇・香炉・蠟燭《ろうそく》など多種多様である。もらった方は当然、お返しをしなければならない。経済的事情から返礼に苦労する者もいたらしい。

将軍や天皇といった権力者の元には多くの贈り物が集まった。近づきになろうとして、武士や貴族が八朔を口実に豪華な品を贈るからである。

贈り物攻勢に権力者はどう対処したのか。室町幕府初代将軍の足利尊氏は八朔の贈り物を全て人にやってしまい、夕方には何も残っていなかったという（『梅松論《ばいしようろん》』）。一方、弟の直義《ただよし》は側近くに仕える者からの贈り物以外は受け取らなかった（『光明院宸記《こうみよういんしんき》』）。

この話は鷹揚《おうよう》な尊氏と潔癖な直義という兄弟の対照的な性格を示す逸話として有名である。しかし直義が八朔を拒否したのは、ワイロが嫌いだからというだけではない。田中奈保氏によれば、為政者としての配慮だという。自ら範を示して八朔を否定することで、贈答品の調達に苦しむ人々を救おうとしたのである。仁徳ある政治、つまり「徳政」の一環として行われた〝政策〟と言えよう。

実際、鎌倉幕府はしばしば八朔禁止令を出している。前述の宝治元年の禁令もその1つである。室町幕府4代将軍の足利義持も、親族や側近など一部を除いて、自分への八朔を禁じた。これらの贈答禁止令は一種の倹約令と理解できる。直義の行為は、質素倹約を重んじる中世武士の理想的ふるまいであり、従来言われてきたほど特異なものではない。

だが、直義や義持の八朔禁止にもかかわらず、八朔の風習はなくならなかった。前項で紹介した尋尊や経覚は、応仁の乱の最中にも八朔の贈答を続けた。日本人の贈答好きは筋金入りなのかもしれない。

中世のものまね

最近の夏は猛暑であることが多く、暑がりの私にはなかなかつらい。一方で花火や盆踊りを楽しむ方も大勢おられるかと思う。

盂蘭盆《うらぼん》、いわゆる「お盆」は、旧暦の7月15日前後の数日間にわたって行われる、死者を供養する行事である。すなわち、先祖をはじめとする死者の霊を家に迎えてもてなし、またあの世へ送り返すのである。

盂蘭盆には、霊前にお供え物をして、お経を読んだり念仏を唱えたりした。だが15世紀には、念仏踊りといわれるものが全国各地に広がった。本来は祖先の霊を慰める宗教的なものだったが、次第に娯楽性を強めていった。これが盆踊りの起源である（図版⑯）。

＊

図版⑯　『紙本著色洛中洛外図屛風（歴博甲本）』

盂蘭盆には盆踊り以外にも様々な出し物があった。興福寺の僧侶である経覚が、古市という村（現在の奈良市古市町）で行われた盂蘭盆について日記にくわしく記している。簡単に紹介したい。

それによれば、仮装行列の比重が大きい。鬼のお面をかぶったり、鷺舞《さぎまい》といって、鷺に扮して踊ったりする（鷺舞は現在でも祇園祭で行われている）。雪だるまも登場した。これも本物の雪ではなく、紙で作った張り子で中に人が入っていた。

出し物のひとつに「売物《うりもの》」なるものがあった（『経覚私要鈔』）。これまでの研究では「楽器の可能性がある」「行商人の行列では」などと様々な推測がなされてきた。

＊

私はこの記述を見た時、『太閤記』に描かれた、ある光景を思い出した。文禄《ぶんろく》3年（1594）6月、豊臣秀吉《ひでよし》以下の諸大名は、朝鮮進攻のための基地である肥前名護屋《なごや》城（現在の佐賀県唐津市）に滞在していた。秀吉は退屈しのぎに、瓜《うり》畑で仮装大会を開催した。秀吉は瓜売り、徳川家康は簣《あじか》（かご、ざるの類）売りを演じたという。

ここから類推すると、「売物」とは、物売りに扮装した行列のことだろう。そして、この芸のポイントは、秀吉が「味よし瓜めされ候へ（味の良い瓜はいかがですか）」と商人そっくりに諸大名に声をかけたのと同様、売り声を再現することにあったと考えられる。

現代においては往来を歩く物売りを見る機会は少ないが、さおだけ屋の「竹や～さおだけ～」や石焼き芋屋の「いしや～きいも～」などはスピーカーの声とはいえ、聞き覚えがあるだろう。こうした特徴ある売り声は、物売りに欠かせないものだった。

落語でも、納豆売り、しじみ売り、金魚売りなど物売りを演じるシーンは多い。重要なのは、やはり売り声だ。売り声を誇張を交えてまねすることで、客の笑いを誘うのだ。15世紀に生まれた無名の物売りを演じる芸は、庶民の台頭を象徴しているのである。

中世の旅行案内人

近年は団塊世代の定年退職の影響で、シニア層の旅行需要が増大しているようだ。新聞でも、添乗員同行のシニア向けパックツアーの広告が目立つ。

旅行案内人の歴史は、平安時代後期までさかのぼる。貴族の間で熊野参詣が盛んになり、祈禱や参拝案内を行う僧侶が現れた。これを熊野御師《おし》という。中世には参詣先も多様化したが、一番人気は伊勢神宮で、多くの伊勢御師《おんし》が活躍した。「中世の寺社めぐり」で中原康富らの伊勢参詣を取り上げたが、彼らは御師経営の宿に泊まったのだ。

当初、参詣者（「道者」と呼んだ）と御師とのつきあいは参詣時に限られたが、やがて参詣者を御師の「檀那《だんな》」（檀家《だんか》）とする恒久的な関係、師檀関係が形成された。御師は毎年数回、檀家を回って大麻《おおぬさ》（おはらいの道具）や守り札、扇や暦などの土産物を配るようになった。これに対して道者は初穂料という謝礼を支払った。

＊

この師檀関係は子々孫々続くもので、檀那の側が御師を変更することはできなかった。

理不尽な話だが、今でも「うちの社員旅行はこの業者に頼むことに決まっている」という会社はあるかもしれない。それどころか檀那にサービスを提供する権利を、他の御師に売却することさえできた。御師Aが御師Bに檀那Cに対する権利を売却した場合、Cは今後、AではなくBを御師と仰がなくてはならないのである。なお、この売買契約書を檀那売券と呼ぶ（伊勢御師の場合は道者売券）。

道者売券にはしばしば「〇〇の里一円」と書かれており、御師が地域の住民を丸ごと自分の道者にしていたことが分かる。要するに、一種の〝ナワバリ〟を築いていたのである。それだけに、道者が転居すると、疎遠になり関係が切れてしまうことがあった。引っ越した道者が、移住先の地域をナワバリとする御師につくことを防ぐため、道者売券には「（私が売却した）道者が他国・他所に移った場合も、この契約は有効である」という旨が記されていることが多い。

＊

江戸時代初期の慶長10年（１６０５）、伊勢山田《ようだ》で「御師職式目」全17カ条が制定された。御師同士が道者を奪い合って争いになった時の裁定基準として、道者の帰属についてルールを定めたのだ。

第10条が興味深い。他の御師の道者を勝手に売券に載せて売ったことを、被害にあった御師が届け出た時の規定である。それによれば、売り主が御師職を持っている場合、売り主が売値と同額で買い戻し、元の御師に返さなければならない。しかし売り主が御師職を持っていない場合は買い主の買い損であるという。だから買い主は、売り主が御師であるかを調査した上で道者を買え、と式目にある。つまり御師でない者が道者を売るという詐欺があったのだ。

第11条は第10条に類似した条項で、他の御師の道者が交じっている（「入くみ」という）にもかかわらず、売券に「一円」と書いて売ることを禁止している。

この時代の御師はナワバリの売買に熱中するあまり、道者=顧客へのおもてなしの心を失っていたようだ。

中世の旅行

ここからしばらく『家久君上京日記《いえひさぎみ》』を取り上げたい。織田信長《おだのぶなが》や豊臣秀吉の時代、薩《さつ》摩島津《ましまづ》氏の当主は島津義久《よしひさ》であった。彼には義弘《よしひろ》・歳久《としひさ》・家久という弟がおり、俗に「島津四兄弟」という。『家久君上京日記』は四兄弟の末弟、島津家久の旅行記である。

島津家久は天正3年（1575）2月に薩摩国串木野《くしきの》（現在の鹿児島県いちき串木野市）を発ち、京都・伊勢神宮・奈良などを回り、同年7月20日に帰還した。この約5カ月間の道中記が『家久君上京日記』である。江戸時代以前の、これほど大部な旅行記は珍しく、当時の交通・生活・風俗習慣・文化・社会・政治情勢などを知る上で欠かせない史料である。

＊

島津家久の旅行の目的は何か。『上京日記』によれば、島津氏が数々の合戦に勝利して薩摩・大隅・日向（現在の鹿児島・宮崎両県）を統一することができたのは、神仏の加護によるものであるから、そのお礼として伊勢神宮や京都の愛宕山など大寺社を参詣することにしたのだという。

ただし、この言葉を額面通りに受け取るわけにはいかない。現代でもそうだが、寺社参詣は必ずしも宗教的動機だけで行われるものではない。家久の参詣旅行には、京都に行ってみたいという観光的要素も含まれていただろう。なぜなら当時、九州南端の島津氏領国にも連歌・立花《たてばな》など京の文化が伝播《でんぱ》し、島津氏は積極的に中央文化を受容していたからである。事実、家久の旅程を見ると、各地の歌枕（有名な和歌が詠まれた名所旧跡）を巡っているし、京都滞在中は里村紹巴《さとむらじょうは》をはじめ京都の文化人たちと連歌会を盛んに行っている。

＊

さて家久は2月20日に居城の串木野城を出発した。家久の老母や妻子なども見送りに出て、麓《ふもと》に小屋を構え酒宴を催した。北上して川内川《せんだいがわ》にぶつかると川舟に乗り、新田神社（現在の鹿児島県薩摩川内市に所在）を参詣した。さらに下って川内川河口の久見崎《ぐみざき》で一泊。ここまでの道中、菱刈衆・隈城衆《くまのじょうしゅう》・平佐衆・東郷衆・高江衆といった島津家臣団の歓待を受けて酒宴三昧《ざんまい》。

翌21日には久見崎を出港、この際に島津家重臣の樺山玄佐《かばやまげんざ》が餞《はなむけ》の歌を詠んでいる。舟の中で酒宴。舟は阿久根《あくね》港に着く。当地を支配する阿久根播磨守が酒を携えて家久を来訪している。翌22日、順風がなく足止めを食らう。所在ない家久は別枝《わけえだ》越後守と雑談し、連歌会を行う。その晩、松本長門介に招待されて酒宴。帰りに島津義虎の私宅に寄り、夜更けまで酒宴。翌23日、島津義虎へ馬を贈る。義虎は家久の舟に乗り込み、酒宴。義虎は脇刀・胴服を贈り、途中で下船した。家久は肥後国の田の浦（現在の熊本県芦北町田浦町）に着いた。

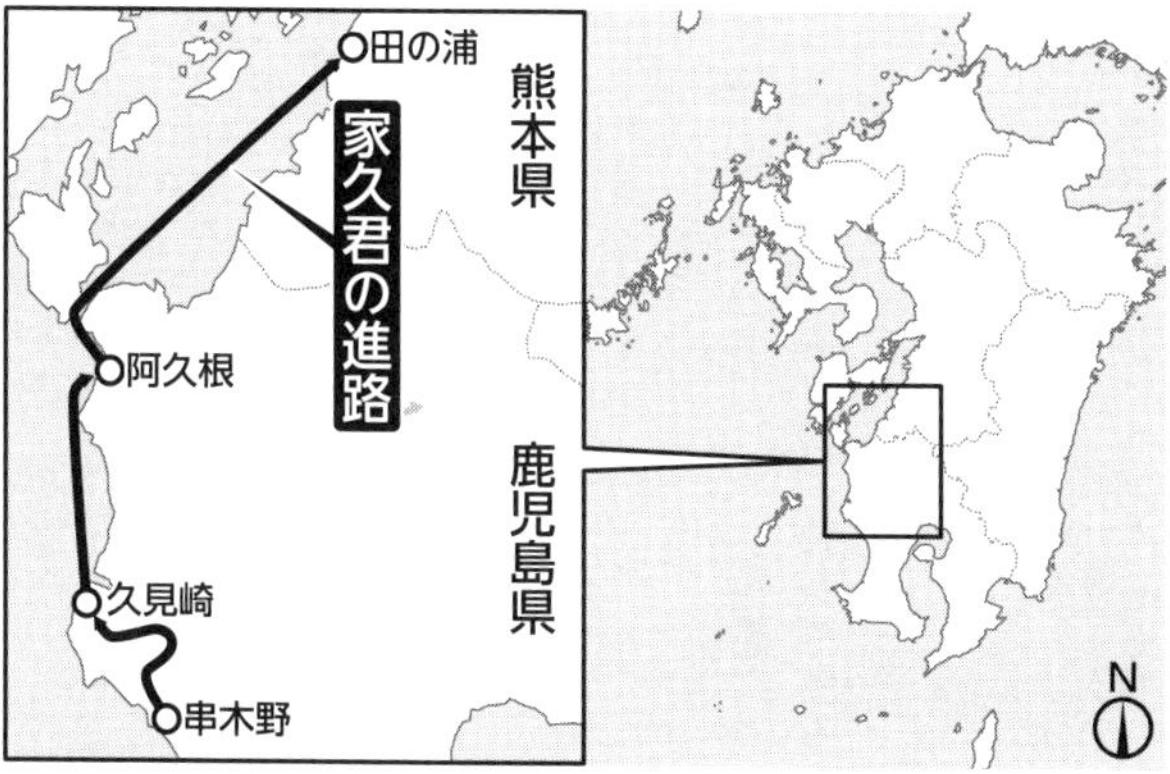

薩摩国を出るまでの家久の行動を見ると、島津の一族・家臣による度重なる宴会が目につく。家久の上京を知ってお供を希望する家臣たちが続出したが、家久の旅行が急に決まったこともあり、準備が間に合わなかった（『上井覚兼日記』）。そこで彼らは家久を盛大にもてなし、自分たちの分までお参りしてほしいと頼んだのだろう。いわゆる「代参」であった。

天正3年2月23日に肥後の田の浦に着岸した家久は、翌24日、町で休憩した後、出港した。船は25日に松橋（熊本県宇城市《うきし》松橋町《まつばせまち》）という浦に着き、ここで船を降りて陸路を北上した。

さて、島津氏の支配下にある薩摩国では快適な旅を満喫していた島津家久であるが、〝外国〟である肥後国に入ったとたん、関所に悩まされることにな

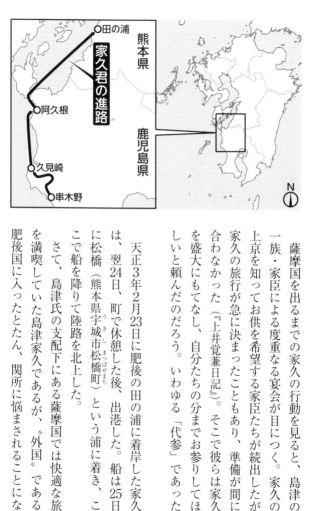

る。古代の関所は、治安維持などのために律令国家によって設置されたものだが、中世の関所は関所料徴収を目的とする「経済的関所」である。武士・貴族・寺社など、その地域の有力者が勝手に関所を立てて通行料を徴収するので、旅人はたいへん迷惑した。

＊

家久は緑川と加勢川《かせがわ》の間にある大渡（熊本市南区川尻）の関所で関銭を払った。すると、加勢川を渡った先の川尻にも関所があった。家久は川の両岸で通行料を払うはめになったのだ。この時代、いかに関所が乱立していたかが分かる。先の話になるが、家久は京都に1カ月ほど逗留《とうりゅう》した後、伊勢神宮を目指して旅立つが、その道中、20カ所にも及ぶ関所を通過している。

続いて2月28日、家久一行は南の関（熊本県南関町）で止められた。家久ら50人は通過できたが、残りの50~60人が止められたという。おそらく、関守（関所の番人）がいったん通行を許可したものの、人数があまりに多いことを問題視して許可を取り消したのだろう。南覚坊《なんがくぼう》という僧侶が交渉した結果、なんとか通ることができた。この南覚坊は先達《せんだつ》、すなわち一行の旅行案内人と思われる。一行はいよいよ筑後国に入り、北の関（福岡県みやま市山川町北関）の宿に泊まった。

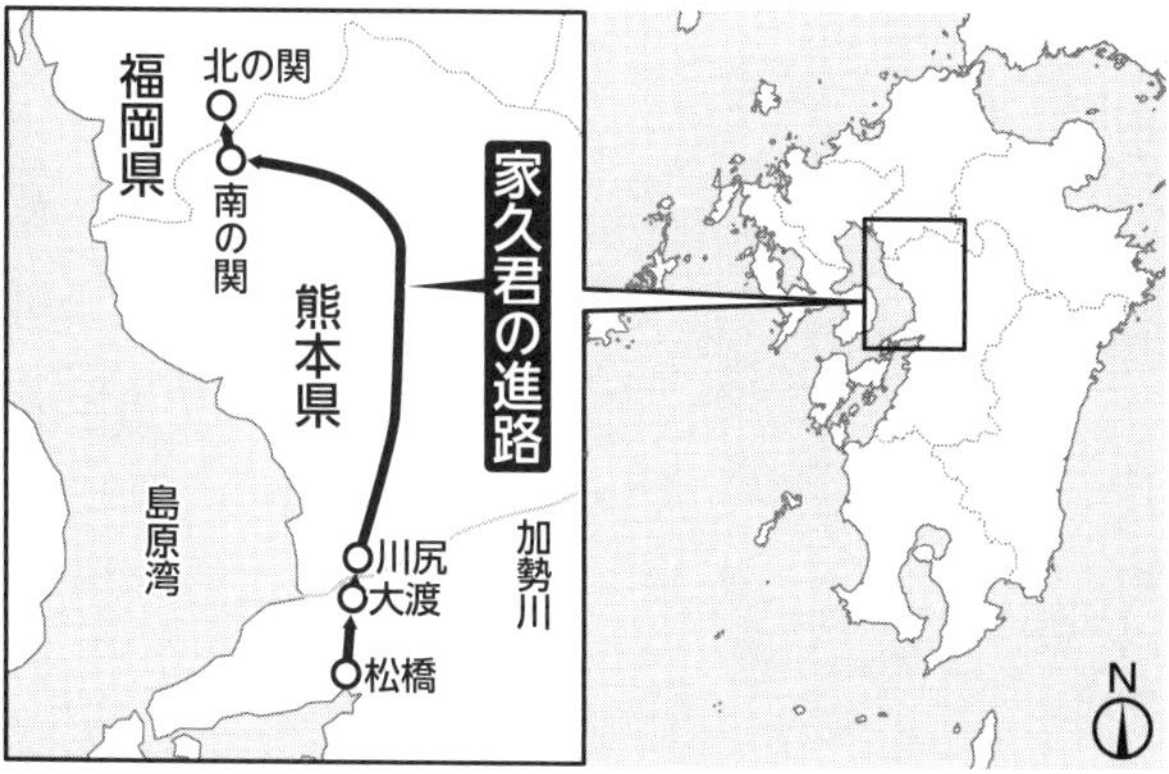

＊

関所にすっかり嫌気がさした家久は29日、まだ夜が明ける前に宿を出発し、脇道を通って5〜6カ所の関所を迂回《うかい》した。ところが、これだけ苦労しても関所に出くわした。関守があまりに法外な通行料を要求したので、家久の堪忍袋の緒が切れた。この時、家久は数えで29歳。まだまだ血気盛んな若武者である。家久の家臣たちが関守を打ちのめし、関所を強行突破した。

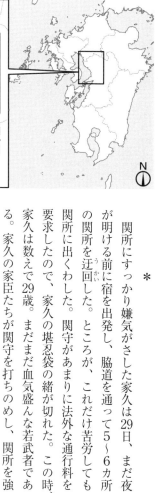

家久ほどの上級武士であっても、なるべく関所を回避しようと試みた。まして庶民にとって、数多《あまた》の関所でいちいち通行料を支払うのは、大きな経済的負担であった。かといって、庶民が武力によって関所破りを行うことは不可能である。

そのため庶民は、権力者・実力者の関所通過にしばしば便乗した。権力者が通行する場合、関守がその権勢を恐れて姿を見せず、フリーパスになることが多い。この時、関係ない庶民もお供と称して一緒に通過してしまうのである（『碧山日録《へきざんにちろく》』など）。この辺り、中世民衆のしたたかさを感じる。

家久は筑後の高良山《こうらさん》（福岡県久留米市）、豊前の英彦山《ぶぜんのひこさん》（福岡県添田町）などを参詣しつつ北上し、3月10日に小倉（福岡県北九州市）に着いた。ここから舟で対岸の赤間関《あかまがせき》（山口県下関市）に渡った。ついに本州上陸である。

家久たちは赤間関から舟で安芸《あき》の宮島《みやじま》に渡る計画を立てるも、なかなか追い風が来ない。14日の明け方にようやく出航したが、途中で逆風になり赤間関にUターンした。待っていても追い風は来そうになく、いつ舟が出るか分からないので、15日、家久一行は船旅をあきらめ、陸路を進むことにした。家久らは24日に宮島の厳島神社にお参りし、4月2日には鞆《とも》の浦（広島県福山市）に到着した。ここから舟に乗った。家久は瀬戸内海の情景を「島々数を知らず、その中を漕《こ》ぎ通り」と記している。

家久一行は舟や宿を借り切ったりはしていないので、自然と他の乗客・宿泊客との交流が生まれた。4月9日、順風を待って室津《むろつ》（兵庫県たつの市）に逗留していた家久は、同

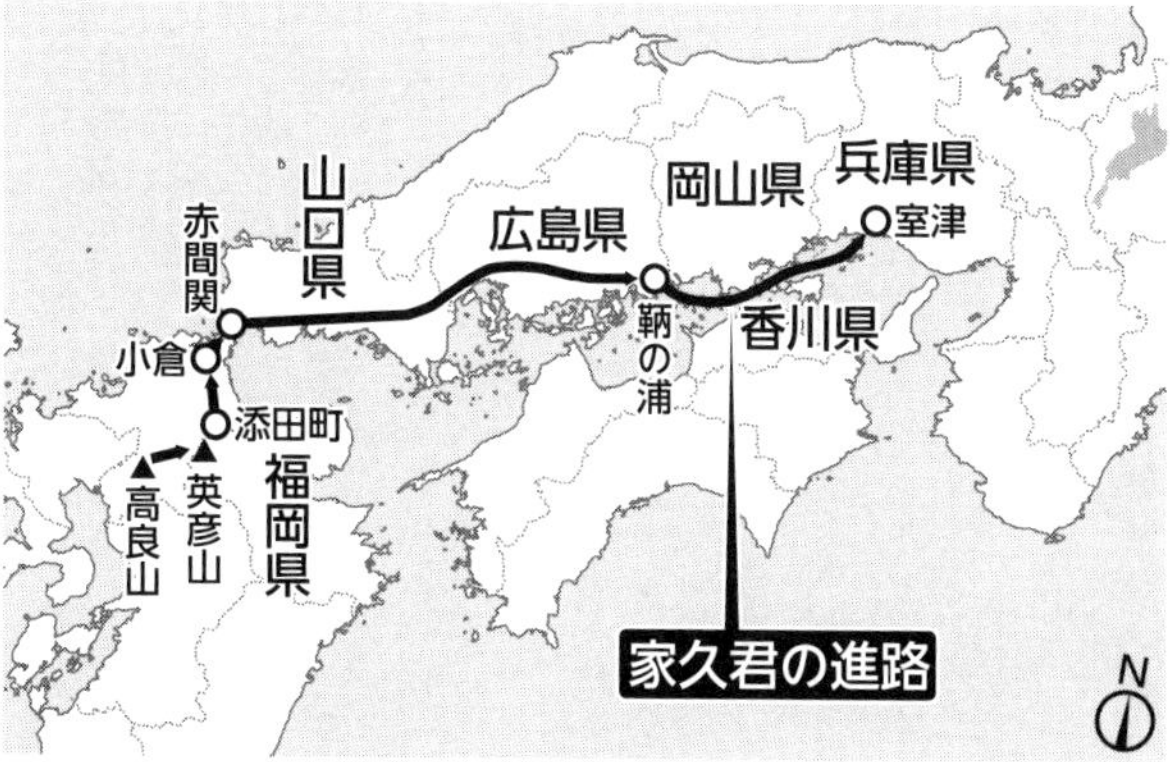

宿の堺衆、舟中で親しくなった兵庫衆、宿の亭主などと宴会を行っている。翌10日には堺衆から酒の差し入れがあった。12日、この日も堺に向かう舟が出ず、家久は周辺を散策していた。すると堺衆が酒を携えて合流し、ふと見かけたお堂で酒宴を開くことになった。このように『上京日記』には、とても殿様の弟の行動とは思えない、庶民との気さくな交流が随所に見られる。

＊

13日、船頭が停泊を延長すると言い出した。そこで家久は他の乗客と相談し、共同で別の舟を借りて室津を出港した。身分を超えた交流・団結を可能にしたのは、家久の飾らない性格もさることながら、旅が持つ不思議な力だろう。

＊

網野善彦は「旅をしている間、とくに神社、寺院への物詣などの場合には、旅人は世俗の縁とは切れているのではないか」と述べている。神仏と直結することで日常の上下関係がリセットされ、ある種の平等性が生じるという（本書53P）。

血縁、地縁、主従の縁などもろもろの縁は、中世人が生きていく上で不可欠のつながりである反面、しがらみでもあった。神仏の力で俗縁を切断した状態を「無縁」といい、網野史学の最重要概念である。

私は網野の無縁論には批判的だが（『一揆の原理』）、旅が人を自由にするという点は同感である。水戸黄門のドラマが人気を博すのも、旅の本質をついているからではないだろうか。

室津を出港した家久一行は天正3年4月14日に兵庫津（現在の神戸港）に到着した。この日はここに泊まったようである。

翌15日、家久は再び舟に乗り、西宮（現在の兵庫県西宮市）に着岸した。ここからは陸路を行き、昆陽《こや》（同県伊丹市）、茨木（大阪府茨木市）、芥川（同府高槻市）などを経由して16日の晩は山崎（京都府大山崎町）の井上新兵衛《いのうえしんべえ》の屋敷に泊まった。翌17日にはいよいよ

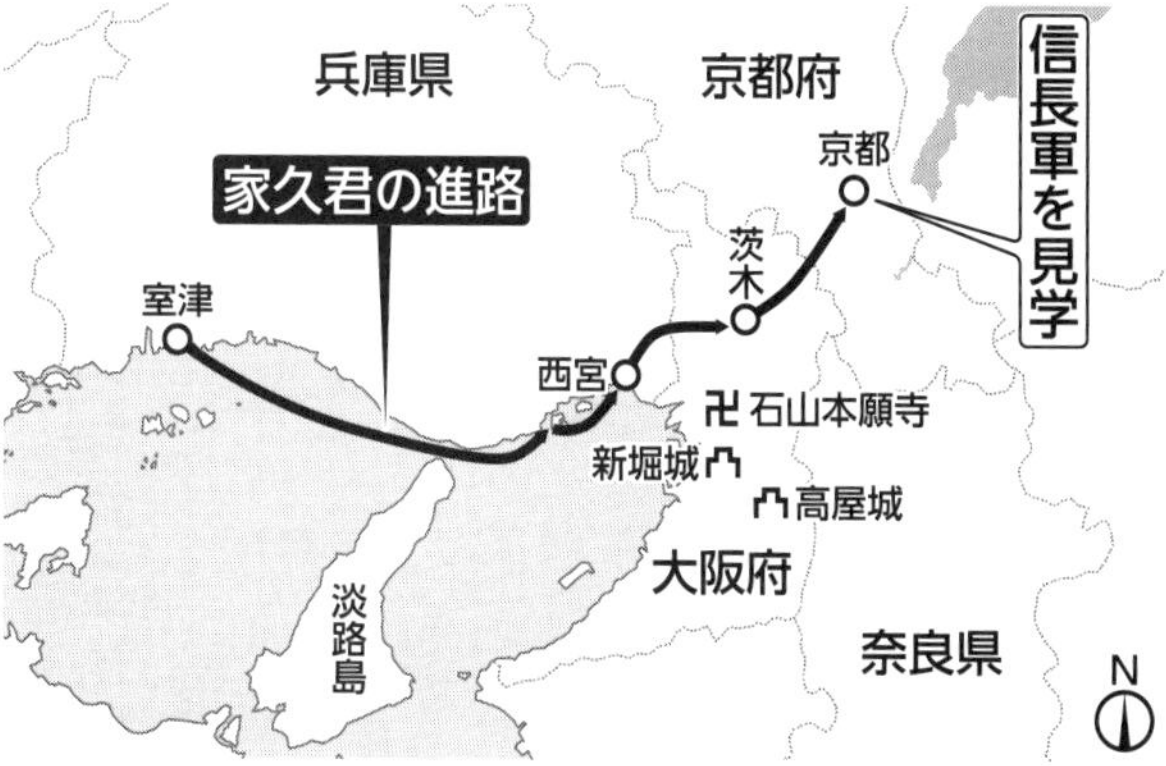

京都に入り、念願の愛宕山参詣を果たした。

4月21日、家久は著名な連歌師である里村紹巴を訪ねた。以前にも述べたが、家久の上京は寺社参詣だけを目的としたものではなく、京都の文化人との交流も大きな比重を占めていた。紹巴は弟子の心前《しんぜん》の住まいを家久らに提供した。家久はしばらくここに滞在することになる。

*

さてこの日、家久は心前の案内で、織田信長の軍事行進を見物した。信長がちょうど石山本願寺攻めから帰ってきたところだったのである。

猛将として知られる家久だけに、織田軍の京都帰還の情景を詳細に記している。信長は馬廻衆《うままわりしゅう》（親衛隊）１００騎を引き連れて相国寺の宿に向かっていた。信長の周囲には幟《のぼり》が9本あり、永楽銭が描かれていた。戦国ファンおなじみの「永楽通宝」の旗印である。
信長の前を母衣衆《ほろしゅう》20人が行進した。母衣衆とは、家久が「弓箭《きゅうせん》に覚えのある衆に許さるる」と記しているように、馬廻の中でも特に武芸に秀でた者たちのことで、その証しとして母衣（鎧《よろい》の背につける幅広の布）の着用を許された。信長は黒母衣衆と赤母衣衆を編成していたという。

家久は軍勢の威容に目を見張り、別の見物人に「いったい全部で何人いるのか」と尋ねた。すると「17カ国から武士が集められており、何万騎いるのか見当もつかない」との返答。ちなみに織田信長の一代記『信長公記』は、この時の織田軍の総勢を「十万余騎」と記している。

*

さて信長本人はというと、家久によれば、何と「眠り候て通られ候」とのことである。馬上で寝ていたのだ。織田信長は4月6日に京都を発ち、八幡（京都府八幡市）に陣を布《し》いた。7日に河内国若江（大阪府東大阪市）に着陣、8日には三好康長《みよしやすなが》がたてこもる河内高屋城（同府羽曳野市）を攻撃した。12日には摂津国住吉（大阪市住吉区）に移動し、14日には石山本願寺《いしやまほんがんじ》（現在の大阪城公園）に迫るが、戦闘を交えず退却した。17日に新堀城

（堺市）を包囲し、19日には攻略、１７０の首を取った（『信長公記』巻八）。

これほどのハードスケジュールでは居眠りするのも無理はない。信長というと「革命児」のイメージが強いが、このエピソードを知って親近感を持った方もいるのではないか。


家久はしばらく京都に滞在した。その間、明智光秀の招きで近江坂本城も見物している。天正3年5月27日、ついに京都を発って伊勢参詣に向かった。五条大橋（当時は現在の松原通にかかっていた）のたもとまで里村紹巴が見送りに来て、酒や弁当を持たせてくれた。

「中世の寺社めぐり」で紹介した応永29年（１４２２）の中原康富の伊勢参詣では、京都から草津（滋賀県草津市）に出て、水口《みなくち》（同県甲賀市水口町）で1泊して鈴鹿峠を越えるルートがとられたが、家久は御斎峠《おとぎとうげ》を越えて伊賀（三重県伊賀市）に抜けるコースを選択した。ちなみに本能寺の変を知った徳川家康もこの峠を越えて帰国している（神君《しんくん》伊賀越え）。

＊

5月29日に青山峠を越えて伊勢国に入った家久一行は、翌日に宮川にたどり着いた。この川を渡った先は、伊勢神宮（三重県伊勢市）の聖域なので、家久たちは衣服を脱ぎ、清流に入って体を洗い清めた。禊《みそ》ぎである。

ところが「禰宜《ねぎ》ども」が家久たちのところに集まってきて、何やかや言って物を取っていってしまったという。ここに見える「禰宜ども」は、おそらく伊勢神宮に属する神官ではなく、後に「神道乞食《しんとうこじき》」と呼ばれたインチキ宗教者のことだろう。神道乞食は、正規の神職ではないのに神主の服装で鈴を振って家々を回り、祓《はら》いを唱えて米銭の施しをねだったため、江戸時代には問題視された。家久一行に群がった「禰宜ども」も、祈禱《きとう》の〝押し売り〟で金品をたかったものと思われる。

家久たちはまだいい方で、もっとひどい目に遭った人もいた。安芸国（現在の広島県西部）から妻子を連れて伊勢参詣に来た男は、ふんどしまで解いて身を清めていた。すると禰宜が男の衣服を奪おうとしたため、男はあわてて川から飛び出して禰宜と引っ張り合いになった。当然男は一糸まとわぬ姿であるので、家久はこれを「裸相撲」と称し、「大勢の参詣客が見ている前で何とも恥ずかしいことだ」と述べている。なお肝心の神宮参拝の感想については、「その感動は書き尽くせない」としか記していない。

＊

余談だが、私は大学3年生の時、『家久君上京日記』を輪読するゼミに参加していた。ちょうど「裸相撲」の箇所を担当した。原文は「安芸国の人妻子を引くし（引き具し）参

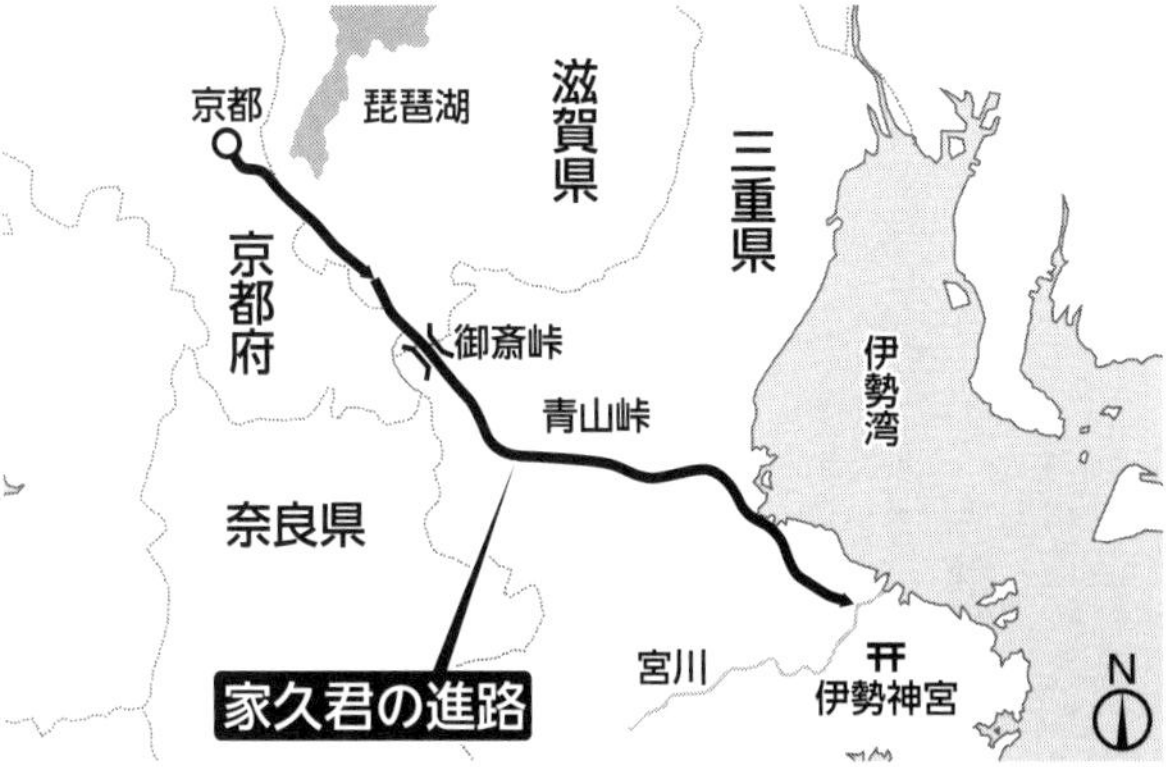

詣」となっている。もちろん「安芸国の人、妻子を……」と読むのが正しいのだが、その時の私は「安芸国の人妻、子を……」と読んでしまった。ゼミが爆笑の渦に包まれたのは言うまでもない。この読みだと、人妻が裸相撲をしたことになってしまうので、ますますよろしくない。おかげで私はしばらく「人妻好きの呉座」というあらぬ噂《うわさ》を立てられることになった。以後、読点のつけ間違いには注意している。

念願の伊勢参詣を遂げた家久は、帰路は奈良に寄り、興福寺や東大寺を参拝した。京都に戻ったのは天正3年6月6日のことである。翌7日には、京都最大の祭礼である祇園祭を見物した。山鉾《やまぼこ》巡行を見た後、四条の金蓮寺《こんれんじ》で進藤賢盛《しんどうかたもり》から「武田殿と信長の軍物語《いくさものがたり》（5月21日の長篠合戦）」を聞いた。家久は遊んでばかりいたわけではなく、情報収集にも勤《いそ》しんでいたのである。

＊

6月8日、家久はついに帰国することにした。里村紹巴とその娘婿の昌叱《しょうしつ》と共に東寺を参拝し、彼らと一緒に昼食をとった後、暇乞《いとまご》いをした。茶人武将として有名な古田織部《ふるたおりべ》が下鳥羽（京都市伏見区下鳥羽）まで見送ってくれた。

下鳥羽から舟で淀川を下って尼崎（兵庫県尼崎市）まで出た。いったん南下して堺の町（大阪府堺市）を見物した後、尼崎に戻り、北上して丹波国、但馬国、因幡国《いなばのくに》と、山陰地方を旅している。瀬戸内海を航行した往路とは一切重ならないルートを選択したのである。この点からも観光的要素がうかがえる。19日に日本海に面した因幡国の青谷《あおや》（鳥取市青谷町）にたどり着いてからは、海路と陸路を併用した。

伯耆国《ほうきのくに》（現在の鳥取県の中西部）では、毛利氏の家臣が旅人に「わらじ銭」を配っていた。毛利氏に滅ぼされた尼子《あまご》氏の旧臣である「山中鹿助《やまなかしかのすけ》」（山中鹿介幸盛《ゆきもり》）が当時、御家再興のため隣国因幡で毛利方と戦っていたので、毛利氏の人気取り政策かもしれない。家久一行もちゃっかり受け取っている。よほどみすぼらしい格好をしていたのだろうか？

＊

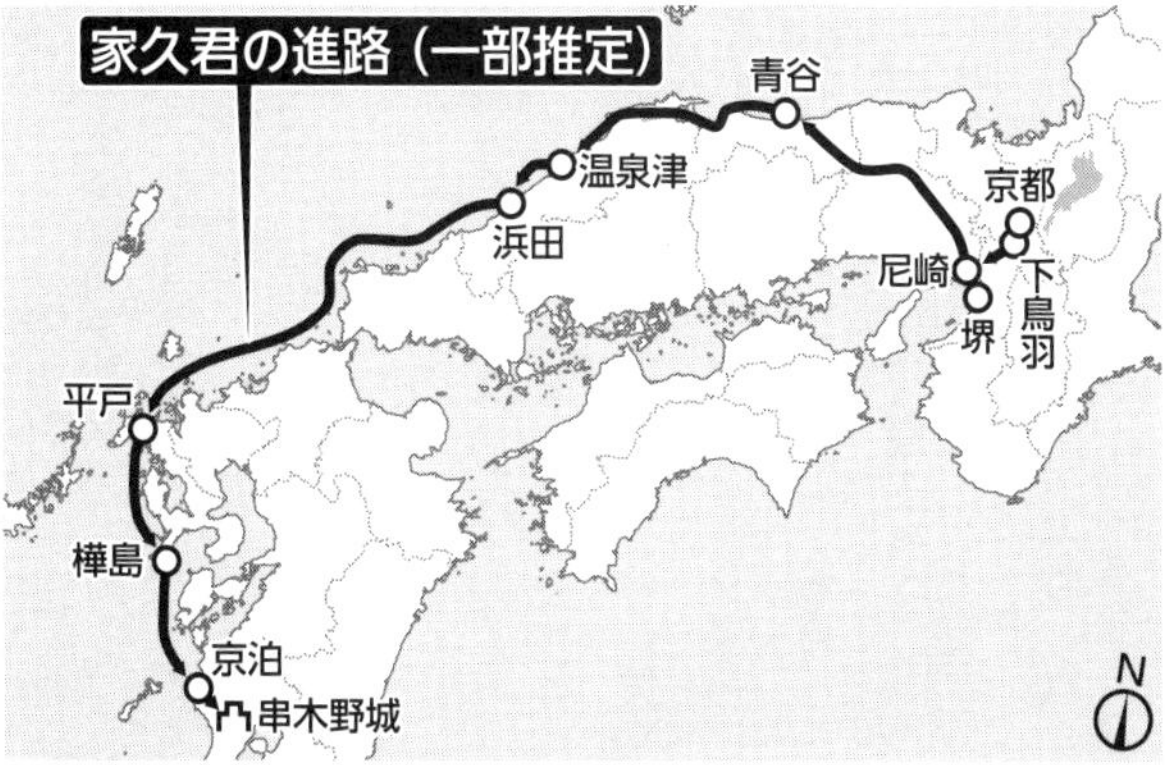

25日には石見国《いわみのくに》の温泉津《ゆのつ》（島根県大田市温泉津町）に到着した。名前の通りの温泉街で、家久も湯につかっている。また、薩摩の伊集院《いじゅういん》（鹿児島県日置市伊集院町）からやってきた大炊左衛門《おおいざえもん》なる人物が家久に酒と瓜を進上した。この男は薩摩までついてくるので、家久の出迎え役だろう。さすがは島津の御曹司である。

温泉津では老若男女から成る「出雲之衆」が興行しており、家久は彼らの歌や舞を見物している。なお、出雲阿国《いずものおくに》が歌舞伎の源流とされる「かぶき踊り」を披露したのは、30年ほど後の話である。

家久が宿に戻ると、関東から来たという僧侶から「一緒に飲みましょう」と誘われた。遠慮しようとしたが、「薩摩のお方とうかがいました」と、酒を持って押しかけてきたので、宴会になった。普段は接点のない遠方の人間と知り合えるのも旅の醍醐味《だいごみ》だろう。

以後は海路を進み、浜田（島根県浜田市）、平戸（長崎県平戸市）、樺島《かばしま》（長崎市野母崎《のもざき》樺島町）を経由して、京泊《きょうどまり》（鹿児島県薩摩川内市港町京泊）から上陸、串木野城（同県いちき串木野市）に帰還した。風待ちに日数を取られたため、7月20日になっていた。家久は「往来の人々めでたしめでたしとぞ、書き留むるものなり」と結んでいる。

中世の花まつり

世間一般では12月25日はキリストの誕生日であると認識されている。では4月8日は？答えは仏教の開祖、釈迦（本書118P）の誕生日である。お年寄りなら御存知《ごぞんじ》だろうが、以前、あるテレビ番組の企画で渋谷の若者に「4月8日は何の日？」と聞いたところ、正解者ゼロという衝撃的な結果が出た。

キリストの生誕を祝うクリスマスがあるように、中国暦の4月8日にも釈迦の誕生を祝う仏生会《ぶつしょうえ》という仏事が行われた。現代の日本では新暦の4月8日に行われ、「花まつり」と呼ばれることが多い。

これは、花で飾った小堂（花御堂《はなみどう》）を作り、堂中央の水鉢に「天上天下唯我独尊」のポーズを取る生まれたばかりの釈迦の像（誕生仏）を置き、杓子《しやくし》で甘茶を釈迦像に灌《そそ》ぐという行事である（図版⑰）。このため仏生会を灌仏会《かんぶつえ》、浴仏会《よくぶつえ》ともいう。

図版⑰　花御堂

＊

現在は甘茶を用いるが、本来は「五色の香水」をかける。これは『普曜経《ふようぎよう》』などの経典に、釈迦が生まれた時に帝釈天・梵天《ぼんてん》が香水で釈迦を洗い清めたと記されているからである。五色といっても色水ではなく、青・赤・白・黄・黒に見立てた五種類の香水のことらしい。いわゆる五行思想で、五つの色で森羅万象を表すのである。なお花で飾り立てるのは、釈迦が無憂樹《むゆうじゆ》の花の下で生まれたとの伝説に基づく。

日本では仏教の受容と遠く隔たらない時期に仏生会も伝わったらしく、『日本書紀』推古天皇14年（606）4月8日条に「今年から諸寺で4月8

日・7月15日（盂蘭盆《うらぼん》、本書183P）に仏事を行う」との記述が見える。もちろん中世においても、各寺院で行われた。

本書で何度か登場していただいている室町時代の皇族、伏見宮貞成親王は、毎年4月8日は菩提寺の大光明寺に赴き、お経を聴いた後で誕生仏に香水を灌いでいる。しかし大光明寺を参拝しない年もあり、その時は寺から花御堂を運んできてもらい、灌仏が終わった後で返却している（『看聞日記』）。いわば灌仏の宅配サービスである。もちろん貞成の信心は本物だろうが、色とりどりの花を愛《め》でる目的もあったのではないか。

＊

これまたおなじみ、南北朝時代の禅僧、義堂周信は、ある年の仏生会に際して弟子たちに雷を落としている。彼らは華麗な花御堂をこしらえようと山野に分け入り、美しい草花を採集し、技巧をこらして飾り立てた。そこまでなら良かったのだが、彼らはいくつかのグループに分かれて各々《おのおの》が花御堂を作ったので、装飾の優劣をめぐって口論になり、ケンカに発展したのである。義堂は「僧侶が仏道修行を怠り、花飾りにうつつを抜かすなど本末転倒である」と怒り、翌年の仏生会では花御堂を外注した（『空華日用工夫略集』）。

商業施設などで豪華な飾りつけのクリスマスツリーを見かけるたびに、日本人は変わらないなあ、と私は感じるのである。

中世のこどもの日

5月5日は端午の節句、こどもの日である。こどもの日というと、みなさんは何を連想するだろうか。真っ先に思い浮かぶのは鯉《こい》のぼり、武者人形、柏餅《かしわもち》といったところだろうが、これらの風習は江戸時代に始まったものである。

では中世にまでさかのぼる風習はというと、ちまきと菖蒲湯《しょうぶゆ》である。中世のちまきはもち米やうるち米の粉を笹《ささ》やマコモなどの植物の葉で包んで円錐《えんすい》形に固め、イグサでしばって蒸したもので、お菓子の要素はまだなかった。

菖蒲湯は説明の必要がないだろう。また端午の節句には、屋根に菖蒲を葺《ふ》いたり、菖蒲枕で寝たりもした。菖蒲は香りが強く爽やかなことや、葉の形が剣に似ていることから、邪気を払ってくれる植物として珍重されたのである。これは中国由来の風習である。中国では五月五日は最も不吉な日（悪月日）とされていたからだ。

図版⑱　『洛中洛外図屏風』

＊

逆に、今では絶えてしまった習俗もある。子どもたちが両軍に分かれて行う石合戦である（図版⑱）。徳川家康が幼き日に河原で石合戦を見物し、数が少ない側が勝つと見抜いたという逸話を御存知の方も多いだろう。これは江戸時代の作り話だが、端午の節句の石合戦が当時の人々にとってなじみ深い風物詩であったことを良く示している。もっとも江戸時代には、石投げは危険ということで、大人たちは石投げではなくチャンバラごっこをやらせようとしたらしい。

＊

中世の石合戦はもっと過激である。文和《ぶんな》4年（1355）の端午の節句には、京都で童たちが菖蒲かぶと（菖蒲の葉で作った鉢巻き）をかぶって石合戦を行ったが、童たちの親類など大人たちが刀を持ち出して加勢したため、死傷者が出た（『園太暦《えんたいりゃく》』）。中世では「子どもの喧嘩に親が出る」と、大惨事になってしまうのだ。

ただし、この時代には少年だけでなく成人男性もしばしば石合戦を行っている。その暴力性は遊びの域を超え、本物の合戦と大差ないので、報復の連鎖になることが多い。

嘉吉《かきつ》3年（1443）5月5日、京都近郊の鳥羽と横大路（ともに京都市伏見区）が石合戦を行ったところ、横大路側に死者が出たため、横大路の者たちが鳥羽に押し寄せて放火した。このため鳥羽側も横大路に押し寄せ、近隣の村々も双方に加勢した。仲裁が入り事なきを得たが、あわや大合戦になるところだった（『看聞日記』）。

文正《ぶんしょう》元年（1466）5月5日、興福寺僧の経覚が召《め》し仕《つか》っている輿舁《こしかき》（輿をかつぐ人）の小次郎が、石合戦で殺害された。すると7日、経覚は他の使用人たちを集めて「どうしてすぐに敵のところに行って、矢の一本をも射なかったのか」と叱責し、全員クビにした（『経覚私要鈔』）。流血を忌むべき僧侶が敵討ちを当然視する時代、それが中世だったのである。

中世の見物

最近は「大人の社会科見学」なるものが流行《はや》っているらしい。小学校の社会科見学の定番である工場や公共施設に、大人が行くのだ。成長して知識が増してから見学すると、新たな面白さを発見できる。だが「あまり費用がかからない」ことも人気の一因だろう。

中世人にとっても「見物」は重要な娯楽であった。最も一般的な見物は、猿楽や田楽など芸能の見物である。

貞和《じょうわ》5年（1349）6月11日、四条大橋を架け直す費用を捻出するため、京都の四条河原で田楽の興行が催された。現代風にいえばチャリティーコンサートといったところだろうか。大勢の人々が見物に訪れた。8、9歳の少年が猿のお面をかぶって猿のように飛び跳ねたところ、その見事な芸に興奮した人々が押し合いへし合いしたため、桟敷（板敷きの見物席）が崩れ、百人以上の死者が出たという（『師守記《もろもりき》』、『太平記』）。

＊

だが、芸能見物は基本的にお金がかかる。タダで楽しめる見物には何があるだろうか。

一つは軍隊行進だ。「中世の旅行」で馬上で居眠りする織田信長の話を紹介したが（『家久君上京日記』）、出陣や凱旋《がいせん》の見物は格好の娯楽だった。

さらに、合戦そのものも見物の対象になったらしい。元弘《げんこう》元年（1331）8月、後醍醐天皇に味方する比叡山延暦寺と鎌倉幕府軍が比叡山の麓の唐崎（現在の大津市唐崎）で合戦した。快実《かいじつ》という僧兵が海東左近《かいとうさこん》将監《のしょうげん》を討ち取ると、「見物衆」の中から15、16歳の少年が飛び出し、快実に斬りかかった。快実は殺さずに組み伏せようとしたが、別人の射た矢によって少年は死んでしまった。実はこの少年、海東の嫡男で、父から従軍を許されなかったため、見物衆にまぎれて後をつけてきたのだという（『太平記』）。

変わり種として徳政一揆《とくせいいっき》の見物もある。徳政一揆とは借金の棒引き、質草の返還を求める民衆暴動をいう（『一揆の原理』）。嘉吉元年（1441）、京都の松蔵という金融業者が徳政一揆と質草の受け渡しについて交渉していると、「見物衆」が集まってきた。松蔵と一揆が協力して追い払おうとしたところ、怒った見物人が近所に放火し、質草が保管されている倉庫が類焼したという（『建内記《けんないき》』）。この場合、ただ見物していただけではなく、一揆のおこぼれにあずかろうとしたのだろう。

＊

鎌倉時代の仏教説話集『発心集《ほっしんしゅう》』には次のような話が収録されている。蓮花城《れんげじょう》という僧侶が知り合いの登蓮《とうれん》法師に「死期が近いので入水《じゅすい》して往生したい」と打ち明けた。登蓮は反対したが、蓮花城の決意が固かったので、入水の準備を手伝った。登蓮をはじめ大勢の人が見守る中、蓮花城は念仏を唱えながら京都の桂川の底に沈んでいき、人々は蓮花城の死を尊び悲しんだ。

ところがその後、蓮花城の霊が登蓮の前に現れた。「私に何の恨みがあるのですか」と問う登蓮に、霊は「川に入ったら死ぬのが恐《こわ》くなったが、大勢の見物人がいるので今さら引き返せなかった。あの時、どうして入水を止めてくれなかったのか」と語ったという。やじ馬が無自覚に人を追い込むこともある。注意すべきだろう。

中世の同僚

2016年、私が編者を務めた『南朝研究の最前線』（日本史史料研究会監修、歴史新書y）という新書が刊行された。後醍醐天皇が立てた建武政権・南朝に関する研究は近年急速に進展しているが、その成果が研究者以外に伝わっていない。このギャップを何とか埋めたいという思いから企画した。

一般に、鎌倉幕府が成立してからは公家に代わって武士が歴史の主役になったと思われている。このため、天皇中心・公家優位の政権であった建武政権は、鎌倉幕府と室町幕府という武家政権の間に狂い咲きした〝時代のあだ花〟と見られがちである。学界でも、「建武の新政」を非現実的と批判する声が強かった。

しかし右の理解は、「建武政権は崩壊したのだから、その政策に欠陥があったにちがいない」という結果論に負うところが大きい。最近の研究は、建武政権の諸政策が室町幕府に継承されたことを指摘している。失敗に終わったものの、後醍醐の改革の方向性は正しかったのである。

＊

一例を挙げよう。室町幕府の初代将軍である足利尊氏は、武士たちに恩賞として所領（土地）を与える際、袖判下文《そではんくだしぶみ》という文書を出した。しかし戦乱の最中ということもあり、下文を乱発してしまい、同一所領を複数の武士に与えたり、味方の武士や寺社の所領を誤って他人に給付したりするなどの混乱も生じた。また下文をもらったものの、恩賞地が他人に占拠されており、支配が実現しない場合もあった。

この問題を改善するため、尊氏の執事の高師直《こうのもろなお》は、下文の内容をチェックした上で、不法占拠者の排除を配下に命じた。亀田俊和氏によれば、この時に出される文書である執事施行状《しぎょうじょう》のモデルは、後醍醐天皇の命令を実現するために雑訴決断所《ざつそけつだんじょ》（建武政権の訴訟審理機関）が発給した雑訴決断所牒《ちょう》という文書だという。師直は建武政権期に雑訴決断所の職員を務めており、その時の経験を活《い》かしたのだろう。

＊

高師直といえば、武将としての活躍や「天皇や上皇など木や金で造って、本物は島流しにすればいい」との放言（『太平記』）で知られる。このため朝廷や寺社の権威を軽んじる傲慢《ごうまん》な悪人というイメージが強いが、実は師直は建武政権の政策を評価し、模倣していたのである。そもそも師直は和歌を通じて公家とも交流があり、秩序破壊者としてのみ捉えるべきではない。

鎌倉時代の高一族は足利氏に仕える行政官僚であり、文官の家に生まれた高師直が和歌などの教養を備えていることは不思議ではない。むしろ彼が勇猛果敢な武人になれたことの方が謎である。

この問題について、亀田氏は「高師直は建武政権期に楠木正成《くすのきまさしげ》から兵法を学んでいたのではないか」という大胆な推理をしている。明確な証拠はないが、2人が建武政権で一緒に働いていたことは事実である。「南朝の忠臣」楠木正成と天皇軽視の高師直が私的に交流していたと想像すると、何やら楽しくなってくる。

中世の「出向」

少し前の話になるが、NHK―BSプレミアムの歴史番組「英雄たちの選択」に出演した。北条早雲（本書74P）の伊豆侵攻がテーマの回だった。

一般的には北条早雲というと、徒手空拳の「素浪人」から戦国大名に成り上がった風雲児のイメージがある。しかし現実の北条早雲は、伊勢盛時《もりとき》という名の、室町幕府に仕えるエリート官僚だった。

盛時の姉は駿河（現在の静岡県中部・北東部）の大名である今川義忠《よしただ》に嫁いでいたが、義忠が死ぬと今川家で御家騒動が起こった。そこで盛時が京都から駿河に下り、姉の息子である龍王丸（のちの氏親、本書26P）を今川家の家督につけた。

この功績により盛時は今川家から所領を与えられ、今川家の家臣となった。しかし盛時はこれ以後も室町幕府に籍を残していた（「東山殿時代大名外様附」）。このため盛時の駿河下向も、幕府の指示ないしは許可に基づくものと考えられている。盛時はいわば本社の幕府から子会社の今川家に出向したのである。

伊勢盛時は明応2年（1493）、38歳の時に伊豆に討ち入り、足利茶々丸《ちゃちゃまる》を攻撃した。この直前に、盛時は出家し、「早雲庵宗瑞」と名乗るようになった。この出家は、幕府からの離脱を意味するものと推定されている。早雲は幕府から今川家に転籍したのである。早雲が今川家から独立し戦国大名になるのは、さらに先の話である。

この種の出向は戦国時代にはしばしばあったらしい。良く知られているように、明智光秀は永禄11年（1568）以降、将軍足利義昭《よしあき》と織田信長の両方に仕えていた。織田家の仕事の方が圧倒的に多いので、光秀は織田家に出向しているような状態と言える。

ただし明智光秀と丹羽長秀・木下《きのした》秀吉（後の豊臣秀吉）・中川重政《なかがわしげまさ》ら織田家臣らとの初期の連署状（複数の人間が署名した文書）を見る限り、光秀の地位はそれほど高くなかった。書札礼という当時の公式文書の書き方のルール（本書178P）によれば、宛先の人間が差出人たちより格下であれば、日付の真下、すなわち先頭に署名する者が差出人たちの中で最上位である。そして日付から左へ遠ざかっていくにしたがって下位になっていく。宛先の人間の方が差出人たちより格上の場合は、逆になる。

初期の目下宛ての連署状では、明智光秀は左端、すなわち日付から一番遠い位置に署名している。これは光秀が、丹羽長秀・木下秀吉、さらには信長馬廻（親衛隊、本書197P）の中川重政よりも格下、序列最下位であることを意味する。

ちなみに義昭家臣の細川藤孝《ふじたか》が木下秀吉らと連署する時は、藤孝が秀吉より上位に署名している。藤孝が足利義昭側近であることに配慮したのだろう。光秀に対してはそのような配慮が見られない。その後、光秀は織田信長の信頼を得て地位を上昇させていき、義昭と信長が対立すると、信長についた。出向先だった織田家の専属家臣になったわけである。

豊臣秀吉の軍師として有名な黒田官兵衛（孝高《よしたか》）も、もともとは小寺家からの出向組である。官兵衛の主君である小寺政職《まさもと》が織田信長に背いたため、官兵衛は秀吉の専属家臣になった。

戦国時代の事例ばかりが目につくが、それ以前から出向はあったと私は考えている。以下に一例を挙げよう。

南北朝時代の今川家の当主で今川了俊《りょうしゅん》という武将がいる。了俊は室町幕府3代将軍足利義満（本書163P）の命令を受けて、九州探題として九州の平定を進めた。この時、九州の了俊と京都の幕府とをつないだ官僚が斎藤美濃入道聖真である。

学界では聖真は了俊の家臣と考えられているが、聖真に宛てた了俊の手紙は非常に丁重で、家臣とは思えない。幕府には斎藤姓の官僚が多いので、聖真は幕府から今川家に出向していたのではないか。

このように「出向」という視点から史料を見直してみると、新たな発見があるかもしれない。

中世のおもてなし

2020年は、いよいよ東京五輪である。最近は海外からの観光客増加もあって、「おもてなし」という言葉をよく耳にするようになった。

おもてなしと聞いて、すぐに思い浮かぶのは、料理だろう。天正10年（1582）3月、織田信長・徳川家康は武田《たけだ》勝頼《かつより》を滅ぼし、信長は勝頼の旧領である駿河を家康に与えた。同年5月、家康はお礼を述べるために安土を訪問した。信長は明智光秀に家康の接待を命

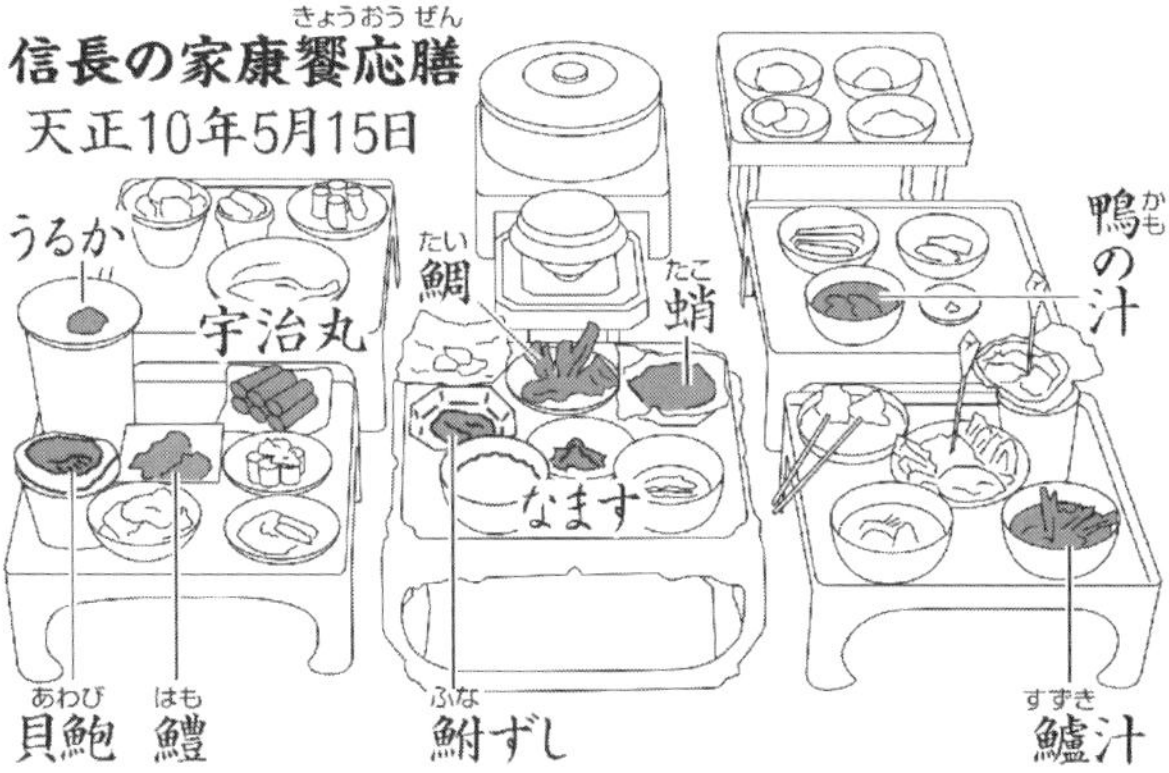

「安土城天主信長の館」の復元を参照

じた。なお、この約2週間後に本能寺の変が起こる。この時に信長が家康に出した料理の献立(5月15日・16日分)とされる記録が「天正十年安土御献立」である。

＊

この史料を見る限り、信長が出した料理は豪勢だが突飛《とっぴ》なものではない。鮒《ふな》ずし・鮎《あゆ》ずし、宇治丸《うじまる》(うなぎの蒲焼《かばや》き)、このわた(海鼠《なまこ》の腸の塩辛)・うるか(鮎の内臓・卵の塩辛)・塩引《しおひき》(鮭《さけ》などの塩漬け)、鯛《たい》・鱧《はも》・鱸《すずき》・鯉・蛸《たこ》・烏賊《いか》・貝鮑《あわび》、雁《がん》・鴨《かも》・白鳥(カモ科の水鳥)・青鷺《あおさぎ》・雲雀《ひばり》などは、既に15世紀の上級武家の間で好んで食べられていた。

「中世のお正月」で、室町将軍の「御成」について紹介した。御成とは、将軍が大名の邸宅や寺院を訪問することを指す。将軍を迎える側は当然、料理を提供するわけだが、御成は儀礼的要素を強く持つため、メニューも固定化していった。

こうして確立したのが、本膳料理である。信長が家康にふるまった食事も、15世紀に確立した本膳料理の格式に則《のっと》ったものであり、しきたりに詳しい明智光秀を饗応役に起用したのは適切といえる。ちなみに、光秀が用意した魚が腐っていて信長の怒りを買ったという話は後世の創作である。

15世紀は宇治茶や大和柿など、日本全国で特産品が成立した時代でもある。これは京都で饗応・贈答文化が発達したことに起因する。

特に甘瓜は、饗応・贈答における需要が大きかったため、京都のみならず、大和・近江・丹波・播磨など京都周辺の地域で広く生産された。禅僧の亀泉集証《きせんしゆうしよう》は「播磨の瓜が最も美味である」と記しており（『蔭涼軒日録』）、ブランド意識の成立がうかがわれる。

＊

さて中世の史料を読んでいると、七夕に瓜を贈る、もしくは客人に瓜を出す事例がしばしば見られる。

ひとつ面白い話がある。貞治《じようじ》5年（1366）の七夕に、本書おなじみの禅僧である義堂周信のところに数人の僧侶が遊びに来た。みんなで漢詩を詠んでいると、瓜売り（本書185P）の声が聞こえたので、義堂は弟子に瓜を買いに行かせた。しばらくして弟子が戻ってきたが、「ほとんどの瓜が熟れすぎて傷んでいたので買いませんでした」とのこと。

ところが客が帰った後、その弟子は「実は瓜を買うお金がなかったのでウソをつきました」と告白した（『空華日用工夫略集』）。昔も今も、おもてなしには気苦労がつきもののようである。

中世の引っ越し

私事で恐縮だが、仕事の都合で京都に引っ越した。私は生まれてこのかたずっと東京育ちなので、どうも落ち着かない。そのうち、こちらの生活にも慣れるだろうか。

交通・通信が発達した現代でも引っ越しとなると一苦労である。まして中世人にとっては一大決心だっただろう。

そういう心理と無縁に思えるのが織田信長である。良く知られているように、彼は居城を那古野《なごや》城（現在の名古屋市）→清洲《きよす》城（愛知県清須市）→小牧山《こまきやま》城（同小牧市）→岐阜城

（岐阜市）→安土城（滋賀県近江八幡市安土町）と次々と変えている。しかも信長は安土城を築くまでは、岐阜と京都の往復などを繰り返しており、出張族の先駆けと言えるかもしれない。

信長が小牧山城に移ったのは、美濃攻略のためだった。ただ住み慣れた清洲を離れるとなると、家臣たちの反発が予想される。そこで信長は一計を案じた。最初、二之宮山（愛知県犬山市）という恐ろしく不便な山に城を築くと宣言し、家臣たちに移住を命じたのである。そして家臣たちが猛反対したところで、「それでは小牧山にしよう」と言い出した。二之宮という最悪の案を突き付けられていた家臣たちは喜んで小牧山に移住したという（『信長公記』首巻）。

＊

右のエピソードから分かるように、大多数の人間にとって引っ越しには不安がつきまとう。同じ尾張国（現在の愛知県西部）の中での移住ですら嫌がる人が多いのだから、全く環境が違うところへの移住ならなおさらだろう。

文亀元年（1501）3月末、元関白の九条政基《まさもと》は、自分の領地である和泉国日根野荘《ひねのしょう》（現在の大阪府泉佐野市など）に下った。政基のような貴族は京都に住んで、領地から送られてくる年貢を受け取るだけというのが一般的で、一度も自分の荘園を訪れたことがない人も少なくない。関白を務めた最上級貴族が4年近くも地方で生活した例は極めて珍しく、彼の日記『政基公旅引付《こうたびひきつけ》』は、当時の農村を知る上で稀有《けう》の史料である。

政基にとって田舎での生活はカルチャーショックの連続だった。特に政基を驚かせたのは、盗みの罪に対する処罰の過酷さである。

文亀4年2月、前年不作で食糧の乏しい日根野荘の百姓は、ワラビを掘って粉にして飢えをしのいでいた。しかしワラビの地下茎を粉にするには一晩河の水にさらす必要があり、連夜ワラビが盗まれた。

そこで百姓たちは河に見張り番を立てた。はたして盗人が現れた。追いかけていくと、瀧宮神社（現・火走神社）の巫女《みこ》の家に入っていった。犯人は巫女の2人の子息だったのだ。百姓たちは母子3人を殺してしまったという。

＊

報告を受けた政基は「盗みに関与したかも分からない母親も殺したのはやり過ぎでは」と不快に思ったが、百姓たちが殺してしまった後では、追認するしかない。「盗みを働いたのだから自業自得だ。南無阿弥陀仏」と日記に記している。

ワラビ泥棒が死刑になるなど、京都時代の政基には想像すらできなかっただろう。だが田舎のルールに順応しなければ領主である政基とて生きていけないのが戦国時代だったのである。

中世の自慢話

タレントの高田純次さんは、70を過ぎた年齢でありながら、若者にも人気がある。その秘訣は「説教」と「昔話」と「自慢話」を語らないことにあるという。

鎌倉時代に兼好法師が著した随筆『徒然草』も、道を究めた一流の人であっても、年老いてからは後進への助言を装って自慢話を語らないよう注意すべきであり、尋ねられても「今は忘れてしまった」と答えよと説いている。

とはいえ、他人に自分の手柄話を語りたくなるのは人情である。平氏滅亡後の建久2年（1191）8月1日、源頼朝の屋敷で宴会が行われ、大庭《おおば》景能《かげよし》という老武者が、保元《ほうげん》元年（1156）に起こった保元の乱での武勇伝を他の武士たちに語った。

*

それによると、景能は保元の乱において日本一の弓の名手といわれた源為朝と遭遇してしまった。しかし為朝の弓が馬上で射るには長すぎることに気がついた景能は「為朝は騎射は苦手なのでは」と判断し、素早く馬を駆けめぐらしたところ、為朝の矢は景能の胴ではなく膝《ひざ》に当たり、命拾いしたという。景能は「おまえたち、年寄りの話だと思ってバカにしないで良く覚えておけよ。武士は騎馬に熟達していなければダメだぞ」と結んでいる。「説教」と「昔話」と「自慢話」の三つを見事に兼ね備えている。

この話を載せている歴史書『吾妻鏡』（本書37P）は、「一同感心した」と記しているが、何せ35年も前の話なので、景能以外に体験者がいない。「なるほど」「勉強になります」とあいづちを打つしかなかったのではないだろうか。この宴会で酒や肴《さかな》を用意したのは景能であったから、なおさらである。

＊

さて、この時代の武士はしばしば子孫に教訓を書き残している。これを置文《おきぶみ》というが、置文には自慢話が書かれることがある。先祖の偉業を語り継ぐことも子孫の役目だからである。現在の埼玉県東松山市正代を本拠地としていた小代行平《しょうだいゆきひら》が置文に書き残した自慢話は何とも微笑《ほほえ》ましい。

ある時、源頼朝が伊豆山《いずさん》神社に参拝した。行平も護衛の一人として参加したが、頼朝が神社の石橋を下りる際、行平の肩をポンと叩《たた》き、「おまえのことを気の置けない家臣だと思っているぞ」と言ったというのである(『小代文書』)。

頼朝は平家打倒のため伊豆で挙兵した折も、一人ずつ武士を呼んで「今まで黙っていたが、お前だけを頼りにしている」と全員に語った男だから(『吾妻鏡』)、同じようなことを行平以外の武士たちにも言っていたと思う。

しかし行平はこの他愛《たわい》もない出来事を、合戦での功績に匹敵する名誉なこととして誇らしげに書き記している。鎌倉幕府の研究者である細川重男氏は、頼朝と行平の関係をアイドルとファンのそれにたとえている。この種の自慢話は罪がなく、許せる気がする。

中世の武士は家の名誉を高めるため、先祖や自身の活躍を好んで語った。彼らの自慢話の一部が史料の形で今に伝わっているわけで、中世史研究者としては、中世武士の自慢好きに感謝すべきなのかもしれない。

中世の悪口

人と人との交流において大きな要素を占めるのは会話だろう。しかし、時として悪口の言い合いになり、ケンカに発展することもある。

中世の悪口として有名なものは、御家人24人に対する源頼朝の罵倒であろう。彼らは頼朝の許可なく朝廷から官職を得たため、「生白いまぬけ面がよく任官できたものだ」「達者なのは口だけのくせに」「ふわふわした顔の分際で」「ネズミ眼《まなこ》」「しわがれ声」などと散々に罵《ののし》られた（『吾妻鏡』）。頼朝の憤りがよく伝わってくるが、頼朝が御家人一人ひとりの特徴を詳しく把握していたことも浮かび上がる。

本人に向けた悪口ではないが、織田信長を裏切って信長包囲網に加わった武田信玄《しんげん》に対する信長の罵倒もよく知られている。信長は当時友好関係にあった上杉謙信《うえすぎけんしん》に手紙を送り、「信玄の仕打ちは、まことに前代未聞のひどいもので、侍の義理を知らず、世間から笑われていることも気にしない始末で、どうしようもない」と信玄への怒りをぶちまけている（『真田宝物館所蔵文書』）。革命児のイメージが強い信長だが、意外に武士道や世間の評判を重んじていたことも分かる。

＊

さて鎌倉幕府が制定した日本史上初の武家法「御成敗式目」（本書56Ｐ）には、「悪口《あっこう》」

の罪を処罰するという規定がある。なぜ「悪口」がダメかというと、式目が「闘殺の基《もとい》、悪口より起こる」と説くように、言葉のやりとりがきっかけで殺し合いが起こりかねないからである。実際、幕府は庶民間での悪口には寛容であり、名誉感情が強く武力によって恥辱を晴らしがちな武士たちを念頭に悪口を禁止したのである。

具体的に処罰の対象になった悪口とは、どのようなものか。建暦3年（1213）、波多野忠綱《はたのただつな》と三浦義村《みうらよしむら》が敵陣一番乗りの功をめぐって言い争い、忠綱が「前を進む俺の姿を見えなかったなどとぬかす義村の目は節穴か」という意味で「盲目」という言葉を用いたため、恩賞をもらうどころか処罰されてしまった（『吾妻鏡』）。当時、目の不自由な人は公然と差別されていたので、「盲目」という悪口は武士にとってたいへんな侮辱だったのである。法廷で相手を「昔は乞食《こじき》として諸国を渡り歩いていたくせに」と罵倒して処罰された事例も、「盲目」のケースに近い。

さらに「恩顧の仁《じん》」という表現も「悪口」とみなされた（「薩摩山田文書」など）。どこが悪口なのかピンとこないかもしれないが、「俺の家から恩を受けた者＝俺の家来筋」という含意がある。鎌倉幕府の御家人は将軍に直接仕える独立した武士であることを誇りとしており、他の武士の家来扱いされることは耐えられなかった。

ただ、侮蔑的な発言であっても、客観的事実であれば処罰の対象にはならなかった。「お前の祖母は白拍子《しらびょうし》(遊女)あがりではないか」という発言に対し幕府は「本当のことなので悪口とまでは言えない」との判断を下している。この辺り、現代とは感覚が違ったようだ。

*

中世の人生相談

新聞やラジオ、テレビなどの人生相談には根強い人気がある。言葉を失うような深刻な内容もあれば、他愛もない夫婦喧嘩の類もある。もっとも、当人にとっては大問題なのだろうが。

中世において相談役を担ったのは主に僧侶であった。武蔵国児玉郡(現在の埼玉県児玉郡)の武士である甘糟忠綱《あまかすただつな》は建久3年(1192)、朝廷・鎌倉幕府の命令を受けて比叡山延暦寺の僧兵たちの暴動を鎮圧しに行くことになった。その途中、法然上人を訪ね、次のような相談をした。

「私は往生（現世を去って浄土に往《い》くこと、本書145Pを参照）を願っていますが、今回合戦に向かうことになりました。武士の家に生まれたため、敵を殺そうという悪心が起こり往生したいという気持ちが薄れます。逆に往生を願う気持ちを強く持ちますと、戦う勇気が出ず敵の捕虜となり、我が家は滅びるでしょう。武士の家を捨てることなく往生する方法はございませんでしょうか」

＊

これに対して法然は、「阿弥陀如来は善人であろうと悪人であろうと全ての人を救います。罪人は罪人のままで南無阿弥陀仏と念仏を称《とな》えれば往生いたします。たとえ戦場で命を失うことになっても、念仏を称えれば往生できるのです」と答え、袈裟《けさ》を与えた。

喜んだ忠綱は袈裟を鎧の下にかけて戦場に向かった。奮戦の末、太刀は折れて重傷を負った。忠綱は太刀を捨てて念仏を称え、敵の手にかかった。その時、紫雲（紫色の雲）がたちのぼり、忠綱は見事往生したという（『法然上人絵伝』）。この時代、紫雲がたちのぼるという奇瑞《きずい》は故人が往生した証拠とみなされていた。

殺生、すなわち人殺しを仕事とする武士の生き方は本質的に仏の道から外れており、往生を望む武士たちの大きな悩みとなっていた。そのため、彼らがこの種の相談をすることは多かった。

貞治6年（1367）、関東を統治していた足利基氏（室町幕府2代将軍足利義詮《よしあきら》の弟）が没し、幼い嫡男氏満（本書83P）が跡を継いだ。すると翌応安元年、武蔵の武士たちが反乱を起こした。氏満の補佐役の上杉朝房《ともふさ》が乱を平定した。

＊

乱後、朝房は鎌倉瑞泉寺の住職をしていた禅僧の義堂周信を訪れた。朝房は義堂に「私は国のために大勢の反逆者を殺しました。この罪は誰が負うべきでしょうか」と問うた。義堂は「指揮官のあなたが負うべきです」と答えた。朝房は「一念不生（雑念のない悟りの状態）であれば、罪を受けずにすむでしょうか」とまた尋ねた。義堂は「軽々しく一念不生などと言ってはいけません」とたしなめた。

さらに朝房は「座禅をすれば、この罪悪感から逃れられるでしょうか」と問う。義堂は「そういうことを考えないことが一念不生の根本です」と答える。「どうすれば雑念を捨てられますか」と朝房はすがるが、義堂は明確な答えを与えず、また来るよう促した（『空華日用工夫略集』）。

義堂の対応は冷たいように見えるが、戦闘の罪について「考えるな」と諭すのは助け舟である。現代に生まれたら、辛口回答者として人気を博すかもしれない。

中世の対談

拙著『応仁の乱』（中公新書）のヒットの影響で、私ごときにも対談の企画が舞い込むようになった。私のようにたまたま本が売れた人間にとっては、異分野・異業種の、しかも一流の方のお話は大いに刺激になる。しかし対談は本来、プライドの高い一流同士が語り合うものだから、バックグラウンドや価値観が違うだけに、相手の発言に対し内心不快に思うこともあるかもしれない。

＊

応仁の乱の一方の主役、西軍の総大将である山名宗全《やまなそうぜん》がある大臣の邸宅に訪れ、昨今の乱世について語り合った。大臣は昔の例を縦横に引いて持論を「賢く」語った。これに苛《いら》立《だ》った宗全は「あなたのおっしゃることにも一理ありますが、いちいち過去の事例を挙げて自説を補強するのはよろしくありません。これからは『例』という言葉に替えて『時』をお使いなさい。『例』は所詮《しょせん》その時の『例』に過ぎません。昔のやり方にとらわれて時代の変化を知らなかったから、あなたがたは武家に天下を奪われたのです。私のような身分いやしき武士があなたのような高貴な方と対等に話すなど過去に例がないことでしょう。これが『時』というものです。あなたが『例』を捨てて『時』を知ろうとなさるなら、不肖宗全があなたをお助けしましょう」と反論した。やりこめられた大臣は押し黙ってしまったという。

この逸話を載せる『塵塚《ちりづか》物語』という説話集は、宗全が死んで80年ほど後に成立しているので、実話かどうか疑わしい。ただ、あの宗全ならいかにも言いそうだ、という横紙破りのイメージが後代にまで伝わった事実は興味深い。

＊

もう一つ、似たような話を。天下人となった徳川家康のもとに、宗誾《そうぎん》と名乗る老人が訪れた。誰あろう、彼こそはかつて家康の主君だった今川氏真《うじざね》（今川義元の嫡男）である。家康は氏真と「御対談」した。

いつしか話題が和歌に及んだ。氏真は大名だった時分から冷泉為益《れいぜいためます》を師匠として熱心に和歌を学んでおり、この頃《ごろ》は京都歌壇で名声を博していた。そこで氏真は滔々《とうとう》と歌道論をぶったのである。

しかし家康は「師匠の教えがどうの歌書がどうのと小難しいのは公家衆の和歌だろう。和歌は感じたことをそのまま表現すればいいのだ」と氏真の意見を一蹴する。

そして『平家物語』に見える平忠度《ただのり》の逸話（平家都落ちに際し、自らの死と一門の滅亡を覚悟した忠度は立ち返って歌の師匠である藤原俊成に自らの秀歌を託した。俊成は実際に忠度の歌を『千載集《せんざいしゅう》』に収録している）についても家康は批判する。歌道を学ぶ暇があれば武道に励むべきであったのだ、そうすれば平家は戦に負けずにすんだだろう、というのである。これは和歌に熱中しすぎて国を失った氏真を皮肉った発言であり、氏真は赤面したという（『故老諸談《ころうしょだん》』）。

この話も創作の可能性があり、武士が和歌に耽溺《たんでき》することを戒める江戸時代の価値観の投影かもしれない。いずれにせよ、知識をひけらかす学者が実務家に論破される場面は現代でも見られるので、私も気をつけたい。

中世の読者

中世においては、どの階層の人がどのような本を読んでいたのだろうか。残念ながらまとまった史料は残っておらず、公家や僧侶の蔵書目録や日記に見える断片的な記述に頼るしかない。この時代の上流階級の読書は勉強の一環なので、詳しい人に教わりながら読む講読形式が多い（本書81P）。

室町幕府が京都に置かれると、武家と公家・僧侶の関係が前代よりも密接になり、武士も文芸や学問などの教養を積極的に習得するようになった。今川範政《のりまさ》（今川義元の先祖）などは、『源氏物語提要』という『源氏物語』の概説書を執筆しているほどである。

さて、室町幕府3代将軍の足利義満は、後小松《ごこまつ》天皇の父である後円融上皇が亡くなると、後小松の後見人、すなわち事実上の上皇として振る舞った。臣下（非皇族）が上皇に準じる地位に就くことは前例がなく、なぜ実現したのか、現在でも議論になっている。

＊

この点について、義満は『源氏物語』の主人公である光源氏をお手本にしたのではないか、という説がある。たしかに光源氏は臣下でありながら、冷泉帝《れいぜいてい》（光源氏と藤壺中宮との不義の子）から上皇に準じる地位を与えられている。義満は後小松天皇の北山行幸《きたやまぎょうこう》などの行事での演出を通じて自らを光源氏に重ね合わせることで、自身への上皇待遇を正当化したというのである。

右の説に対しては、『源氏物語』は所詮作り話なので、光源氏は前例たりえないとの批判がある。私もこの意見に賛成だが、政治的効果はないにせよ、義満が当時の必須教養である『源氏物語』（の概説書？）を読んで、趣味的に艶福家《えんぷくか》の光源氏を気取った可能性はあると思っている。なにしろ義満は、弟の妻にまで手を出す漁色家だったのである。

＊

脱線ついでに、『源氏物語』の成立に関する国文学の議論についても少し紹介しておこう。『源氏物語』の最初の形態は、現在私たちが目にするそれとは異なり、光源氏がこの世の栄華を極める単純な成功物語だったという説がある。

文体や時間進行、登場人物を考慮すると、「空蟬《うつせみ》」「夕顔」「末摘花《すえつむはな》」「玉鬘《たまかずら》」など光源氏の恋が失敗に終わる話は後から付け加えられたのだという。ところどころに喜劇的な挿話を挟み込んだ結果、話の展開が不自然な部分ができてしまった、というわけだ。

なぜ、いったんは何事も見事にやり遂げる光源氏を描いておきながら、不様な失敗談を挿入したのか。この点についても説明は用意されている。光源氏が完璧すぎてリアリティーに欠けるという批判に応えるために加筆されたというのである。完全無欠な貴公子の物語は文学少女には受けるだろうが、大人の鑑賞には堪えないのである。

門外漢の私に以上の説の当否は判断できないが、あの大長編を紫式部が一挙に書きあげたとは思えないので、読者の反応を見ながら軌道修正していったのは間違いないだろう。紫式部を引き合いに出すのはおこがましいが、私も読者や受講生の質問や意見を執筆活動に活かすよう心がけている。

〈付録〉 さらに中世を知りたい人のためのブックガイド

網野善彦『日本の歴史をよみなおす（全）』（ちくま学芸文庫）

ここまで「交流の歴史学」を語ってきた。中世史の専門家にとっては著名なエピソードもしばしば取り上げたが、「初めて聞いた」「全く知らなかった」という方もいるかもしれない。

考えてみれば、中世の人々の交流の様子を、一般の方が知るのは難しいかもしれない。武田信玄や織田信長の活躍について知りたければ、書店に山と積まれている彼らの名前を冠した本を買えば済む。しかしもう一歩踏み込んで、中世社会の全体像を理解しようとすると、どの本から読めばいいか分からなくなる。

最近は「これ1冊で日本史の流れがすべて分かる！」といった概説書も多いが、これらは政治史中心の叙述になっていて、当時の人々の生活や価値観まで解説してくれることはまずない。そこで、中世社会の雰囲気をつかむのに最適な一般向けの書籍を紹介していきたい。

＊

まずは日本中世史学界のスーパースター網野善彦（本書53Ｐ）の本を紹介しよう。周知のように、網野は日本中世＝農業社会という従来のイメージを覆し、商工業者や芸能民を「非農業民」として初めて歴史の主役に位置づけた。その歴史観は宮崎駿の『もののけ姫』などのフィクションにも大きな影響を与えた。今や中世社会論は網野抜きに語れない。

だが網野はスーパースターだけに一般向けの著作が非常に多い。網野の本を読もうと思い立ったものの、どれから読めばいいか迷った方もいるのではないか。

一般の方の間で最も有名な著作は『増補 無縁・公界・楽』（平凡社ライブラリー）だろう。だが、この本は結構難しい。多くの注が付され、文体も論文調である。『日本社会の歴史』（岩波新書）全3巻も本格派である。他に有名な著作となると、晩年の『「日本」とは何か』（講談社学術文庫）が挙げられるが、これは講談社「日本の歴史」シリーズの中の最初の巻という位置づけで執筆されたもので、初めて読む網野本としては適切でない。

＊

私が薦めたいのは『日本の歴史をよみなおす（全）』（ちくま学芸文庫）である。同書は語り起こしなので、平易で読みやすい。恥ずかしながら私は大学に入ってから読んだが、高校生が読んでも十分理解できる。

何よりうれしいのは、テーマが文字・貨幣・非農業民・女性・天皇・悪党など多岐にわたっており、網野史学のエッセンスが詰まっている点である。この本を読めば網野の学説の概要を把握できる。

右書は網野入門としてだけではなく、中世史入門としても優れている。武士と農民ばかりが目立つ教科書的なイメージの背後に広がる多様で豊かな中世像に読者は魅了されることだろう。

神仏・天皇と直結し神聖視されていた非農業民が、日本社会の文明化にともなって差別の対象へと変わっていくという網野の主張には多くの批判が提出され、現在の日本史学界では支持されているとは言いがたい。しかし水田稲作中心史観、農業中心史観を問い直した網野の問題意識は今なお大きな意味を持っている。常識を疑えという右書のメッセージは私の研究の羅針盤である。

藤木久志『雑兵たちの戦場』（朝日選書）

戦国時代は、日本人にとって最もなじみ深い時代である。この時代に一家言を持っている人は多く、作家や企業経営者、政治家などもメディアで持論を展開している。

しかし「戦国時代に詳しい」と自称する人の大半は、武田信玄や上杉謙信といった戦国大名の活躍に関心を集中させている。これは仕方のないことで、学界においても戦国時代研究の中心は長らく戦国大名研究だったのである。

こうした英雄中心の戦国時代像に異を唱え、村や百姓の視点から戦国大名の内政や戦争を捉えなおしたのが藤木久志氏である。氏の主張には批判も多数寄せられたが、戦国社会の知られざる一面を明らかにした功績は大きい。

藤木氏のスタンスを象徴するのが、『雑兵たちの戦場』（朝日選書）で示した上杉謙信像の転換だ。謙信といえば、己の利益ではなく正義のために戦う「義将」のイメージが強く、度重なる関東出兵も関東管領上杉憲政《のりまさ》を関東から駆逐した北条氏康《うじやす》の非道をこらしめるためなどと言われてきた。

＊

けれども藤木氏は、謙信の関東出兵のタイミングが晩秋に出陣して戦場で年を越し、春か夏に帰る越冬型に偏っていることに注目した。そして、二毛作のできない越後では冬場に食料が不足するため、口減らしのために出陣したのではないかと推測する。村にいても食えない百姓たちは、謙信の関東遠征に参加し、現地調達＝略奪によって食いつないだ。天下取りだの義の戦いだのといったロマンとは無縁な、戦国の世の過酷な現実を氏は示したのである。

＊

藤木史観の影響は、NHK大河ドラマ「おんな城主　直虎」（本書26P）にも見られる。武田や今川、徳川といった大名ではなく、そうした大名たちに囲まれた地方領主のサバイバルを主題にした点に、従来の「英雄史観」から決別するという本作の強い意志がうかがわれる。とはいえ、「真田丸」の真田昌幸と異なり、井伊直虎の事跡はほとんど伝わっていない。だが制作者はそれを逆手に取って、戦国時代の風習や価値観を丁寧に描いている。

ドラマ開始時、ムロツヨシ演じる流れ者は村の「解死人《げしにん》」だった。解死人というのは身替わり要員である。村の正規メンバーの罪をひっかぶるのが仕事であり、そのために村から扶養されている。戦国の村は正規メンバーである百姓を全力で守るが、その一方でそれ以外の人間には冷淡であり残酷ですらある。

この「解死人」を発見したのも藤木氏であり、「物くさ太郎」（本書53P）も解死人だったのではないかと指摘している（『戦国の作法』講談社学術文庫）。働かずに寝てばかりいて周囲の施しに頼って生きてきたため、皆が嫌がる京都での奉公を強いられた物くさ太郎は、確かに解死人に似ている。

劇中でムロツヨシは才覚を発揮し大金持ちになるが、これも皇族の御落胤《ごらくいん》と分かり立身出世した物くさ太郎を意識した演出なのかもしれない。

清水克行『世界の辺境とハードボイルド室町時代』（集英社文庫）

拙著『応仁の乱』はなぜ大ヒットしたのか。私自身よく分からないが、少し前からの「室町ブーム」も一因だろう。従来人気がなかった室町時代の歴史に、一般の人が関心を寄せるようになってきたのだ。

そして近年の「室町ブーム」の火付け役は清水克行氏だと思う。清水氏とは勉強会などでご一緒する機会も多いので、以下「清水さん」と表記させていただく。

清水さんは藤木久志氏の愛弟子《まなでし》である。藤木氏の学風を受け継ぎ、日本中世の奇妙な法慣習を次々と発見し、その分析を通じて中世人の価値観・世界観を浮き彫りにしている。

＊

清水さんの最初の一般書は『喧嘩両成敗の誕生』（講談社選書メチエ）である。現代でもよく耳にする「喧嘩両成敗」という解決法は実は世界的に珍しいものである。右書はこの特異な法観念の歴史的な形成過程を解明している……というと、何やら小難しい印象を受けるかもしれないが、さにあらず。異常なほど名誉心が強く、すぐに人を斬ったり切腹したりする中世人のメンタリティーが、数多くの興味深いエピソードに基づいて丁寧に解説されていて頗《すこぶ》る面白い。野蛮で凶暴な中世人を見ていると、とても我々の御先祖様とは思えないのだが、一方で彼らが「痛み分け」や「足して二で割る」解決策を模索したのも事実である。「昔から日本人は争いごとを嫌った」といった通俗的な日本人観を再考する上でも示唆的な良書である。

日本における神判（神仏に罪の有無や正邪を問う裁判）の展開を追った『日本神判史』（中公新書）も面白い。熱湯の中に手を入れさせたり（湯起請《ゆきしょう》）、焼けた鉄片を握らせたり（鉄火起請《てつかきしょう》）して、火傷《やけど》の有無で判決を下すという室町・戦国時代の神判は現代人の目から見ると、いかにも未開的に映る。だが、清水さんはその中に中世人なりの「合理性」を見出《みいだ》している。

＊

中世人の思考に寄り添うという清水さんの研究姿勢は『耳鼻削ぎの日本史』（文春学藝ライブラリー）でも示されている。現代人の感覚では猟奇的で残酷な耳鼻削ぎ刑が、殺し殺されることが日常であった中世においては温情的な処罰であったことを明らかにしている。

清水さん入門としては、『謎の独立国家ソマリランド』（集英社文庫）などで知られるノンフィクション作家の高野秀行氏との（飲みながらの）対談『世界の辺境とハードボイルド室町時代』（集英社文庫）がお薦めだ。最初は学者然とした語り口だった清水さんが話しているうちに（盃《さかずき》を重ねていくうちに？）、だんだんくだけていって、話がどんどん面白くなっていくのが微笑ましい。個人的には、清水さんが『大飢饉《ききん》、室町社会を襲う！』（吉川弘文館）で指摘した「日本中世では古米の方が新米より高価だった」問題がより深められていることに感銘を受けた。私も飲みながらの対談を一度やってみたくなったが、私の場合は支離滅裂になってしまいそうだ。

桜井英治『破産者たちの中世』（山川出版社）

前項で紹介した清水克行さんは他にも対談本を出している。戦国大名伊達氏が制定した『塵芥集《じんかいしゅう》』を読み解いた『戦国法の読み方』（高志書院）という本である。「日本史や戦国時代は好きだけど、史料をどう読んでいいのかわからない。そんな悩みをかかえる人たちのために、斯界《しかい》の切れ者二人が史料読みのテクニックをさらけだす真剣勝負の対談集」という派手な宣伝文句に恥じない良書である。

この本で清水さんと対談したのが、同じ日本中世史研究者の桜井英治氏である。桜井氏は私の博士論文を審査した副査の一人なので、以下、桜井先生と表記する。

桜井先生の第一論文集は『日本中世の経済構造』（岩波書店）という本で、私は大学3年生の時に読んでいる。私はこの本で経済史の魅力を初めて知り、自分も経済史をやろうかと一瞬考えた。しかし当時、桜井先生は40歳そこそこの年齢である。こんな凄い先生が現役バリバリでは、自分が経済史をやっても仕方ないと断念した。

＊

桜井先生の一般書としては、まず『贈与の歴史学』（中公新書）が挙げられる。第10回角川財団学芸賞を受賞した名著である。この本における「贈与」とは、室町幕府の将軍が寺を訪れ、その礼に寺側が引き出物を渡すというような、上流階級から一般庶民にいたるまで広く行われていた贈答儀礼を指す。

この種の贈答儀礼は古代から存在するが、室町時代には極度に合理化されたことを桜井先生は明らかにしている。物品ではなく銭を贈り物にするようになり、しかも手元不如意のため金額を書いた目録（当時は「折紙」といった）を先に贈ることも横行した。儀礼の道具である折紙が約束手形に接近していったのである。

＊

さらには、金策の目途が立たないのに目先の贈答儀礼をこなすために折紙を乱発するようになる。もらった贈り物を別のところへの贈り物に転用するに留まらず、折紙の譲渡すら行われた。儀礼としての本質を骨抜きにしつつも、それでも贈答行為をやめない室町社会の不可思議さを右書は丹念に描いている。

入門書としては『破産者たちの中世』（山川出版社）を勧める。室町時代には債権譲渡、債権者団体の結成、預金保護、破産管財人の選任など、現代顔負けの金融システムが自生的に形成されていた。これは割符《さいふ》（為替手形）や借書《しゃくしょ》（借用書）の流通といった信用経済の高まりに対応しているが、興味深いことに戦国時代になると、信用経済は急速に収縮し、高度な金融システムも姿を消す。桜井先生は室町時代における信用経済の異常な高まりを「バブル経済」にたとえ、時代が下るにつれて経済が次第に発展していくという通説的な見方を退けた。

金の話をしつつも、その背景にある中世人の価値観や行動様式に迫っているところが桜井先生の研究の魅力であり、だからこそ清水さんと気が合うのだろう。

細川重男『鎌倉幕府の滅亡』(吉川弘文館)

私は現在京都で生活しているが、以前は東京に住んでいた。東京時代、数年間「日本史史料研究会」に参加していた。本研究会は、日本史史料を調査・研究し、その成果を書籍・講座・研究会などの形で広く一般の歴史愛好者に公開するために発足した会である。私は「日本史史料研究会主任研究員」という肩書をもらい、私が編著者となった『南朝研究の最前線』(歴史新書y)の著者略歴でもそう名乗っている。ただし、もともと研究者有志が手弁当で集まった会なので、給料は出ない。参加者の中で一番若かった私が「主任」なのもシャレである。

＊

細川重男さんは、この日本史史料研究会でご一緒した、鎌倉幕府の研究者である(本書226P)。鎌倉幕府研究の基本史料は、『吾妻鏡』という歴史書であるが、元弘3年(1333)の鎌倉幕府滅亡まで記されているわけではなく、文永《ぶんえい》3年(1266)の宗尊親王将軍追放で終わっている(本書37P)。したがって『吾妻鏡』には、鎌倉時代後期最大の事件である蒙古襲来（元寇《げんこう》）に関する記述もない。このため、後期鎌倉幕府の研究は低調だった。

細川さんは網羅的な史料蒐《しゅう》集《しゅう》によって、『吾妻鏡』以降の後期鎌倉幕府の政治史を明らかにした。その成果は大著『鎌倉政権得宗《とくそう》専制論』（吉川弘文館）にまとめられている。これを一般向けに分かりやすく解説したのが『鎌倉幕府の滅亡』（吉川弘文館）である。鎌倉幕府の権力構造の変化を詳細に分析し、150年にわたって不敗の歴史を誇ってきた鎌倉幕府がなぜ滅亡したかを論じている。

*

その後、細川さんの問題関心は鎌倉幕府の成立・発展期に移っていった。『執権 北条氏と鎌倉幕府』（講談社学術文庫）では、北条氏が鎌倉幕府の中で権力を確立していく過程を丁寧に追い、昔からしばしば議論になる「北条氏はなぜ将軍にならなかったのか?」という問題に挑んでいる。

「日本中世への招待」という本書の観点から特に興味深いのが『頼朝の武士団』（歴史新書y）である。源頼朝と御家人、御家人同士の交流に関わるエピソードを広く集め、制度ではなく義理と人情で機能していた鎌倉幕府の〝青春期〟を活《い》き活《い》きと描いている。

しかし、同書の最大の特徴は、史料を引用する際に「超訳」を添えている点だろう。一例を挙げよう。

◎書き下し文「広常《ひろつね》功有るのよしを思ふといへども、義実《よしざね》が最初の忠に比べ難《がた》し。更に対揚《たいよう》の存念有るべからず」

◎細川さんの超訳「広常！　おめェは手柄があると思ってンのかもしンねェが、そんなもンは、ワシ（義実）の最初の忠義に比べりゃ、大したこたねェンだよ！　ワシと対等だなんて、思うなよ！」

まるでチンピラだが、鎌倉武士を暴力団にたとえて説明することで、彼らの凶暴性と義《ぎ》俠《きよう》心が鮮明に浮かび上がってくる。歴史に苦手意識を持つ読者にも食いついてもらうための工夫として、私は高く評価している。

村井章介『中世日本の内と外』（ちくま学芸文庫）

大学での私の指導教員は村井章介先生（本書168P）だった。村井先生のご研究は多岐にわたるが、最大の研究テーマは東アジア海域の文化交流史であろう。私の専門は一揆研究なので、あまり村井先生の弟子と認知されていないように感じる。

ただ、村井先生は若い頃、松浦一族という「海の武士団」が結成した一揆を研究していた。そこから村井先生は、海賊（倭寇《わこう》）、海民へと興味関心を広げ、東アジア海域史研究を牽引《けんいん》してきた。私は先生の松浦一族一揆研究から多くを学んだので、門下の末席に身を置いているつもりである。

＊

村井先生は多くの一般書を出しているので、お勧めの一冊を選ぶのは難しい。一番先生らしさが出ているのは、『中世倭人伝』（岩波新書）だと思う。この本は、朝鮮王朝（1392〜1910）の正史（公式の歴史書）である『朝鮮王朝実録』（以下『実録』と略す）を丁寧に読み解き、15〜16世紀の「倭人《わじん》」の実態を明らかにした名著である。

『実録』には、倭寇の大半は朝鮮の民衆だという朝鮮官僚の報告が収録されていた。このため、日韓の歴史学界で倭寇は日本人か朝鮮人かという論争が繰り広げられた。

しかし村井先生は、倭寇は「日本の倭人にあらず」「言語・服飾は諸倭と異なる」と『実録』に記載されていることを指摘し、また済州島民が倭人の言語・衣服をまねて倭寇に加わったという記述に注目した。そして、朝鮮海峡で交易や略奪を行った海民＝「倭人」は、日本人でも朝鮮人でもなく、日本・朝鮮という国籍・民族に囚《とら》われないマージナル・マン（境界人）であると主張したのである。

と、極めて魅力的な本なのだが、『実録』の記事を大量に引用しており、たぶん拙著『応仁の乱』より難解である。

＊

もう少し読みやすいものとしては『世界史のなかの戦国日本』（ちくま学芸文庫）がある。16世紀のシナ海域では、明帝国の衰退にともない、海禁政策（民間貿易禁止）が形骸化し、中国人商人たちによる密貿易が盛んになっていく（後期倭寇）。同時期、ポルトガルを先頭とするヨーロッパ勢力が東南アジアから華南に進出し、密貿易ルートに参入してくる。右書はシナ海域の〈倭寇的状況〉の中に鉄砲伝来、キリスト教伝来、石見《いわみ》銀、豊臣秀吉の朝鮮出兵、島津氏の琉球征服などを位置づけ、「世界史のなかの日本」という視点を強く打ち出している。

さらに平易なのが、東京大学教養学部での「日本史学入門講義」を元にした『中世日本の内と外』（ちくま学芸文庫）である。話し言葉で書いてあるので非常に読みやすい。第6章の「中世の倭人たち」は、『中世倭人伝』のダイジェストになっているので、この本から読むと良いかもしれない。

ただし第5章で展開されている足利義満の日本国王号に関する議論は、同書刊行後に大きく進展している。橋本雄氏の『〝日本国王〟と勘合貿易』（NHK出版）なども併読してほしい。

橋本　雄『〝日本国王〟と勘合貿易』(NHK出版)

前項の最後に紹介した『〝日本国王〟と勘合貿易』の著者の橋本雄氏は私の大先輩にして村井章介先生の一番弟子である。

前掲書は、NHKのEテレで放送された「さかのぼり日本史」シリーズの外交篇《へん》第7回の放送内容を書籍化したものである。この種のテレビ番組と連動した本は、放送から長い時間が経つと埋もれてしまいがちなのだが、右の本は良書なので、ぜひ多くの方に手にとっていただきたい。

室町幕府3代将軍足利義満といえば、明(本書139P)と国交を開いたことで知られる。この際、義満は明の皇帝から「日本国王」に任命されている。この義満の行動については、戦前えらく評判が悪かった。要は明皇帝の臣下になるということだから、屈辱外交だというのだ。

＊

佐藤進一は1965年に『南北朝の動乱』(中公文庫)で、義満は明から日本国王と認められることで天皇を凌《りょう》駕《が》しようとした、と主張した。これを受けて今谷明氏が90年に『室町の王権』(中公新書)で、義満は明皇帝の権威によって天皇からの王権簒奪《さんだつ》の正当化を図ったと説いた。国交樹立のため明から来日した使者を引見した義満の態度は卑屈で、それは衆人注視の中、明の権威の高さを強調するためのパフォーマンスだったというのである。

これに対し橋本さんは、「宋朝《そうちょう》僧捧《そうほう》返牒《へんちょう》記《き》」の詳細な分析を通して、明使接見儀礼の実態を明らかにした。たしかに義満は国書に対してひざまずいて3回礼拝するなど、部分的には丁重にふるまっている。だが明使より先に昇殿・着座して明使を見下ろすなど、全体としてはかなり尊大な姿勢をとっていた。また明使引見の場に出席する人間は極端に限定されており、衆人環視とは程遠かった。

＊

橋本さんはこれらを異国に屈従することに対する国内の不満を和らげるための措置と考え、義満が明皇帝の権威を利用しようとしたという通説を批判した。明は国家間貿易しか認めておらず、明と貿易するためには明に臣従するしかないので、貿易の巨利を欲する義満はやむなく「日本国王」になったのである。

こうした利権目当ての、方便としての外交は、日朝間でも見られる。15世紀半ば以降、日本の有力大名や琉球国王の使者を名乗る者が大量に朝鮮王朝に通交し、朝鮮に対し極端にへりくだった姿勢を示した。しかし、これらは対馬を支配する武士である宗《そう》氏と博多商人の結託によって生み出された偽の使節（偽使）だった。嘉吉3年（1443）の癸亥《きがい》約条で、朝鮮が宗氏に対し大幅な貿易制限を課したため、宗氏は別名義の使者を派遣したのだ。この日朝偽使問題を総体的に論じた、おそらく唯一の一般書が、橋本さんの『偽りの外交使節』（吉川弘文館）である。

右書の構想を橋本さんからうかがった時、「村井先生に倣って『偽使倭人伝』というタイトルはいかがですか」と提案したが、却下されてしまった。残念。

五味文彦『平家物語、史と説話』（平凡社ライブラリー）

私が2001年に大学の日本史学研究室に進学した時、中世史の教員としていらっしゃったのは、以前紹介した村井章介先生と、五味文彦先生（本書123P）である。したがって、五味先生は私の恩師の1人である。

五味先生は学術論文も一般向けの著作も多数発表されており、研究テーマは多岐にわたる。その中でも中世史学界への最大の貢献は（私ごときが語るのはおこがましいが）、中世の文学作品を積極的に史料として活用し、中世史研究の新生面を開いた点にあるだろう。

特に重要なのは作者論だと思う。中世の文学作品の場合、作者不明のものが少なくない。作者名が付されているものでも、その人がどういう人物か分からないことがある。たとえば『平家物語』の作者は、『徒然草』の記述によれば、信濃前司《しなののぜんじ》行長《ゆきなが》という人なのだが、この人物が何者か判然とせず、実在を疑う声もあった。

＊

この行長の人物像に迫ったのが五味先生の『平家物語、史と説話』（平凡社ライブラリー）である。こうした中世文学の作者論は主に日本文学の研究者によって担われてきたが、歴史学の研究手法でアプローチした点に先生の新しさがあった。先生は『平家物語』に藤原行隆《ゆきたか》（行長の父）が作成した文書が収録されていることに注目し、行隆の日記が『平家』の素材となったことを解明した。

五味先生は右書で考案した方法論を『徒然草』など他の作品にも適用していく（『増補「徒然草」の歴史学』角川ソフィア文庫など）。こうした研究成果は『書物の中世史』（みすず書房）へと結実する。もちろんそれらの作者推定の中には異論が提出されたものもあるが、作者探しの方法論を確立し、具体的に提示した功績は揺るぎない。先生ほど見事にできないにせよ、後進にとって大いに参考になるからだ。

＊

五味先生の作者論が面白いのは、「この人が作者だ」という謎解きで終わらないからだ。「作者はこの情報をどこで得たのか」「作品中にこの人物が登場するのはなぜか」と探っていくことで、作者を取り巻く文化的なネットワークが見えてくる。藤原定家と信濃前司行長の意外な接点を指摘した『藤原定家の時代』（岩波新書）は、その好例だろう。

極論すれば、「作者はこいつだ！」と名探偵よろしく、1人に特定できなくても構わない。「作者はこの文化圏に属する人だ」と判明すれば、作者の構想や作品の成立事情などの手がかりがつかめる。中世の文化サロンを浮き彫りにすることが五味先生の目的であり、従来の枠を超えた新しい文化史を創出したと言える。

五味先生は文体にもこだわっており、『藤原定家の時代』や『武士と文士の中世史』（東京大学出版会）などでは会話体も採り入れている。AさんBさんCさんが議論していく中で問題の核心が見えてくるという構成は個人的には好きだったが、マンネリ化を恐れてか、やめてしまわれた。私も機会があれば試してみたい。

黒田日出男『増補 絵画史料で歴史を読む』（ちくま学芸文庫）

私が大学院に進学した時、ゼミを開講していた日本史教員の1人が黒田日出男先生（本書125P）だった。黒田先生は翌年3月に定年退職されたので、私が教わったのは1年だけだったが、多くのことを学んだ。

黒田先生は学問的関心が幅広く、研究業績も非常に多い。その中で最大の研究成果は、日本中世史研究において「絵画史料論」という研究分野を開拓したことだろう。

歴史学者が過去を知るために用いる素材を史料という。私たちは過去には戻れないので、史料という媒介物を通じて過去に迫る。過去を知るための材料は全て史料であるが、現実に歴史学者が用いてきたのは専ら文字が書かれた史料、つまり文献史料だった。

しかし文献史料だけでは過去を復元する上で限界がある。文献史料は特別な行事や事件などに関連して作成・保管されることが多いので、当時の人々にとって当たり前のことはあまり記されないし、記されたとしてもそういう史料は残りにくいのである。

＊

分かりやすい例を挙げよう。儀式で身につける特別な服装に関する史料は残っていても、当時の民衆が普段どんな服を着ていたかを記述した史料は案外少ないのである。

こうした問題を克服するには、絵図や絵巻物、屏風《びょうぶ》絵などを「絵画史料」として活用していく必要がある。黒田先生の論考「中世の旅姿をめぐって」（『増補 姿としぐさの中世史』平凡社ライブラリー）は、絵画史料によって中世人の参詣《さんけい》姿の変遷を明らかにした好論である。

＊

むろん昔から中世史研究者は絵巻などを利用してきたが、文献史料の内容をビジュアル的に補強する〝挿絵〟として扱うことが多かった。しかし絵画史料論は、その絵にそれが描かれているのは何故《なぜ》かというところにまで踏み込み、中世人の心性や価値観をも解明しようとする。たとえば黒田先生は、『春日権現験記絵《かすがごんげんげんきえ》』で春日大明神が老貴人・貴女・童のいずれかの姿で描かれていることから、翁・女性・童が、中世社会のなかで神に近い存在として認識されていたと論じている（「『異香』と『ねぶる』」、前掲書）。

けれども、絵画史料は文献史料以上に、恣意《しい》的な解釈に陥りがちである。注意しないと、歴史学者が見たいものを絵画史料の中に〝発見〟し、こじつけめいた議論を展開することになりかねない（本書121～126P）。それを回避するには絵画史料を客観的に分析・読解するための厳密な方法論が求められる。

『謎解き　洛中洛外図』（岩波新書）や『国宝神護寺三像とは何か』（角川選書）といった黒田先生の著作を読むと、衝撃的な結論に目を奪われがちである。だが本当に大事なのは結論に至る思考のプロセスである。表面的な面白さ斬新さではなく、客観的な方法論を構築せんと志す真摯《しんし》な姿勢にこそ学ぶべきだろう。黒田入門としては、『増補　絵画史料で歴史を読む』（ちくま学芸文庫）を掲げておく。

石井 進『日本の歴史7 鎌倉幕府』（中央公論社）

私は新聞などでは「注目の若手研究者」のように紹介されるが、現実にはアラフォーだし、学界での評価がさほど高いわけではない。半世紀前、34歳の新進気鋭の研究者が中央公論社の日本の歴史シリーズの第7巻、『鎌倉幕府』を執筆した。学問的に高度な内容でありながら、決して晦渋《かいじゅう》ではなく、流れるような文章で読者を魅了し、学界を驚愕《きょうがく》させた。石井進である。

1980年代、日本中世史学界では、民衆の生活習慣や信仰、価値観などに焦点を当てた社会史研究が盛んになった。この「社会史ブーム」の最大の牽引役は網野善彦だが、石井の功績も大きい。

*

石井は、主著『日本中世国家史の研究』（岩波書店）からも明らかなように、もともとは文献史料を綿密に読み解く日本史学の王道を歩んでいた。しかし石井は高校生の頃から柳田国男の研究会に出入りし、文献だけでは民衆の歴史は分からないと痛感していた。やがて石井は民俗学や考古学も採り入れた新しい歴史研究を始めた。

社会史研究に傾斜したかに見えた石井の〝変化〟には学界では賛否両論がある。「前期の国家史研究の方が良かった」と言う人もいる。私は「どちらも大事」派である。そこで後期石井の著作のうち、読みやすいものを紹介したい。

石井はプロデューサー的能力にも長《た》けていたため、共著や編著が多く、単著は意外に少ない。後期石井の研究が凝縮されている1冊を選ぶとすると、『中世の村を歩く』（朝日選書）だろうか。日本各地の村を訪れ、「古道を歩きながら村をながめ、耕地や灌漑《かんがい》用水のあり方を見、古寺や古社を訪ね、道端の石仏や神々について古老に教えを乞い、そして文献史料を読み解きながら中世の村へと近づいてゆく」手際は見事である。『週刊朝日百科日本の歴史』シリーズに寄稿した記事が元になっているので図版も多く分かりやすい。

石井らが村落の現地調査を精力的に行ったのは、全国的に圃場《ほじょう》整備事業が進展する中、中世にさかのぼり得る村落景観が急速に失われつつあり、記録・保存する最後のチャンスだったからだ。だが、石井らの活動が一つのきっかけとなり、大分県豊後高田市では小崎《おさき》地区の圃場整備を見送り、中世の荘園遺跡に起源を持つ村落景観が保全された。２０１０年には「田染荘《たしぶのしょう》小崎の農村景観」が国の重要文化的景観に選定された。「荘園領主（水田一口オーナー)」制度などを通じて研究者と地域住民との交流は今も続いている。

＊

中世都市に関しては遺著『日本の中世1　中世のかたち』(中央公論新社)が詳しい。石井は巻末で、幼時に針の行商をしていたとされる豊臣秀吉の出自に注目しているが、この議論を深める前に亡くなってしまった。石井の弟子の服部英雄氏の『河原ノ者・非人・秀吉』(山川出版社)は、石井の遺志を継いだものと言えるかもしれない。

笠松宏至『徳政令』（岩波新書）

前項で言及したように、１９８０年代には日本中世史学界で「社会史ブーム」が巻き起こった。これまで紹介してきた網野善彦、藤木久志、石井進の各氏をはじめ、多くの研究者がブームに貢献した。だが、その火付け役となったのは笠松宏至《ひろし》氏と勝俣鎮夫氏だろう。70年代の両氏の研究が80年代の社会史ブームを準備したことは間違いない。今回は笠松氏の研究を紹介したい。

笠松氏の研究の特徴としては、中世語への注目が挙げられる。現代では使われなくなった、あるいは現代とは意味が異なる中世の特異な語を蒐集し、その分析を通じて、中世社会独特の法慣習・価値観を浮き彫りにするのである。

＊

傍輩《ほうばい》、甲乙人、中央の儀、折中《せっちゅう》などの言葉の意味を追究した『法と言葉の中世史』（平凡社ライブラリー）は、学術論文をも収録しており、一般書というには高度すぎるが、軽妙洒脱《しゃだつ》な文章で読ませる。

たとえば「中央の儀」。笠松氏はこの言葉が、家臣団が主人のいない場で決定を下し、それを主人の名で発するという越権行為を指すことを明らかにした。しかし、これだけでは、なぜ「中央」の語を使ったのかが見えてこない。室町・戦国時代の辞書によれば、「中央」とは主に香炉をのせる小さな台のことだという。笠松氏は次のように記す。

「ある夏の日の午後、デパートの最上階近く、壺《つぼ》やら茶器やらそんな道具類がならぶ一隅を歩いていた。短く太い四脚をふまえて、いかにも安定感のある黒塗りの香台、その上にこれはまたいかにも精巧で華奢《きやしや》な香炉が、ちょこなんと載っている」と。

強力な家臣団の支え（中央）がゆらげば、主人（香炉）はひとたまりもないが、香炉のない卓も無意味、だから「中央の儀」なのだと笠松氏は主張する。言葉への鋭敏な感覚と、それを巧みに表現する文章力が素晴らしい。関連書籍として、網野善彦・笠松宏至・勝俣鎮夫・佐藤進一編『ことばの文化史　中世1〜4』（平凡社）もお薦めする。

＊

『中世人との対話』（東京大学出版会）も、「この先生は本当に中世人と対話できるのでは？」と思わせる、目から鱗《うろこ》の著作である。三部構成で、第一部には重厚な論文を配するが、第三部はエッセー集という変わった作りの本なので、第三部だけでも読んでみてほしい。

網野善彦との対談本『中世の裁判を読み解く』(学生社)も隠れた(?)好著である。鎌倉幕府の判決書を大家2人が徹底的に読み込む。以前紹介した桜井英治・清水克行著『戦国法の読み方』は明らかに同書を意識している。

とはいえ、1冊に絞れと言われたら、やはり『徳政令』(岩波新書)だろう。長らく絶版状態だったが、読者からの熱い要望に応え、最近復刊された。借金帳消しという現代の常識を超える法令がなぜ生まれたか。この素朴な疑問から出発して、中世法の本質に迫る、日本中世史研究を代表する名著だ。

勝俣鎮夫『一揆』（岩波新書）

前項で予告したように、今回は勝俣鎮夫氏の著作を紹介したい。私ごときが言うのも口はばったいが、日本中世史研究における社会史ブームに、網野善彦・石井進・笠松宏至・勝俣鎮夫の4氏が果たした役割は非常に大きい。

この4氏は年も近く、みな佐藤進一門下なので、1970年代には冗談めかして「四人組」（本来は中国の文化大革命を主導した江青ら四人を指す）と呼ぶ向きもあったという。この4人が共同で執筆した『中世の罪と罰』（講談社学術文庫）は社会史ブームの最良の成果の一つであり、学問的刺激に満ちているが、一般読者が読むにはいささかレベルが高い。ただ、同書に収録されている勝俣氏の論考「家を焼く」は、犯罪者の住居を焼却するという中世の不思議な慣行を明らかにした好論なので、中世史の通史類を読破されている方なら挑戦していただきたい。

＊

また『中世社会の基層をさぐる』（山川出版社）も、基本的には論文集なので、なかなか手ごわい。しかし、同書の最初に収録されている「バック　トゥ　ザ　フューチュアー」は読みやすく、しかも中世人の時間感覚に迫った痛快な論文なので、これだけでも目を通してほしい。

もう少し手軽に読める本も紹介したいが、勝俣氏も笠松氏と同様、一般向け著作が少ない。変わり種としては「歴史を旅する絵本」シリーズの『戦国時代の村の生活―和泉国いりやまだ村の一年』（岩波書店）がある。

「中世の引っ越し」で取り上げた『政基公旅引付《まさもとこうたびひきつけ》』（和泉国日根野荘《ひねのしょう》に下った戦国時代の貴族である九条政基の日記）を題材に、百姓の少年による絵日記という体裁で戦国時代の村の生活を勝俣氏が再現したものである。子ども向けの絵本だが、大人が読んでも楽しめる。

この絵本の元は、勝俣氏が１９８５年に発表した論文「戦国時代の村落」である。中世史研究の画期をなした極めて重要な論文だが、勝俣氏の代表的研究となると、やはり一揆になるだろう。一揆の主体や目的の解明に終始した従来の研究に対し、人々が一致団結することを可能にした一揆の思想を浮き彫りにした点が画期的である。

勝俣氏が82年に発表した『一揆』（岩波新書）は長らく絶版状態だったが、２０１５年に復刊された。なお私は学生時代に古本屋で入手した。83年発行の3刷である。この本は前項で紹介した笠松宏至氏の『徳政令』と双璧を成す中世史の新書の横綱であり、絶対の自信を持ってお薦めする。

*

すっかり『応仁の乱』で有名になってしまったが、私の本来の専門は一揆である。勝俣氏の『一揆』は、私の学問に最も影響を与えた本と言える。

拙著『一揆の原理』（ちくま学芸文庫）では、勝俣氏の一揆論を批判した。これに関しては学界で「勝俣説を正確に理解せず矮小《わいしょう》化している」といった厳しいご意見も頂戴した。宣伝めいて恐縮だが、両書を読み比べて、ご感想をお聞かせいただければ幸いである。

おわりに

本書執筆の発端は、朝日新聞の土曜別冊「ｂｅ」に3年半の間連載したコラム「交流の歴史学」である。磯田道史氏の「備える歴史学」が２０１４年9月に終了し、その後継企画として10月から始まった。ただし磯田氏が毎週土曜に連載していたのに対し、山室恭子氏の「商魂の歴史学」、酒井紀美氏の「夢想の歴史学」、原田信男氏の「食事の歴史学」と一緒に、４人でリレーする体制だった。つまり週替わりの月１連載である。

なお途中でメンバーの入れ替わりがあり、佐多芳彦氏の「服装の歴史学」、丸山裕美子氏の「表裏の歴史学」、千葉真由美氏の「村人の歴史学」が始まった。私の連載は２０１8年3月に完結した。

この連載の依頼を受けた時点の私は、『一揆の原理』（洋泉社）、『戦争の日本中世史「下剋上」は本当にあったのか』（新潮選書）という一般向けの歴史書を発表し、また博士号も取得していたものの、世間的には全く無名の歴史学者であった。山室・酒井・原田といったベテラン研究者と比べて、業績的にも明らかに見劣りしていた。そんな私に声をかけて下さった朝日新聞の佐々波幸子氏には言葉に尽くせぬほど感謝している。また佐々波氏の後任として担当して下さった木村尚貴氏にもたいへんお世話になった。

佐々波氏からは、政治・外交・軍事といった硬い話ではなく、昔の人の暮らしぶりが分かるようなコラムを、という要望を受けた記憶がある。テーマを「交流」としたのは、なるべく幅の広いテーマにしておいた方がネタに困らないだろう、という浅はかな打算があったからにすぎない。極端な話、2人の人間がやりとりしていれば、「交流」と言えなくはないのだ。

それでも原稿を書くのには毎回、非常に難儀した。月1どころか毎週書いていた磯田氏に対しては尊敬の念しか浮かばない。

そんな中、読者からの反響にはとても勇気づけられた。「歴史上の人物が、急に人間味を帯びて身近に感じられる」「単なる歴史のお勉強ではないところがいいです」など好意的なお便りが多く寄せられた。意外と需要があるのかもしれない、と感じた。

さて、朝日新書編集部から連載を本にまとめさせてほしいという依頼をもらったが、1

冊にするほどの分量はなかった。別の媒体で連載を続けるということも考えたが、「はじめに」で述べたような問題意識もあったので、コラムではなく、しっかりした概説を加筆することにした。

どう書けば上手く伝わるかを知るため、本書第一部に取りかかる前に、朝日カルチャーセンター中之島教室で、その内容を3回にわたって語らせてもらった。受講生の皆さんはとても熱心で、たくさんの質問や意見を頂戴した。この場を借りて御礼を申し上げる。担当の小寺千絵氏にも感謝申し上げる。

私が著書を世に問う際、「既に類書があるような新味のない本を書かない」「自著の焼き直し、二番煎じをしない」の2つを心がけているつもりである。要は金儲け優先の粗製濫造《そせいらんぞう》を避ける、ということである。これは私の学者としてのささやかな矜持であるが、その意図が実現しているか否かは読者の評価に委ねたい。

最後に、本書の編集を担当して下さった国東真之氏に御礼申し上げたい。愛想の良い氏の励ましがなければ、本書の刊行はもっと遅れていただろう。

二〇二〇年一月一〇日

呉座勇一

主要参考文献

秋山哲雄『都市鎌倉の中世史　吾妻鏡の舞台と主役たち』（吉川弘文館）
網野善彦・笠松宏至『中世の裁判を読み解く』（学生社）
網野善彦『中世の非人と遊女』（講談社学術文庫）
〃　『日本の歴史をよみなおす（全）』（ちくま学芸文庫）
飯沼賢司「中世社会における性と愛と出産」（『歴史評論』６００、二〇〇〇年）
井沢元彦『日本史真髄』（小学館新書）
石井進『中世を読み解く　古文書入門』（東京大学出版会）
市沢哲「太平記とその時代」（市沢哲編『太平記を読む』吉川弘文館）
今津勝紀『戸籍が語る古代の家族』（吉川弘文館）
鵜澤由美「近世における誕生日」（『国立歴史民俗博物館研究報告』１４１、二〇〇八年）
氏家幹人『武士道とエロス』（講談社現代新書）
大塚紀弘『中世禅律仏教論』（山川出版社）
大野晋『源氏物語』（岩波現代文庫）
小川剛生『武士はなぜ歌を詠むか　鎌倉将軍から戦国大名まで』（角川選書）
〃　『足利義満　公武に君臨した室町将軍』（中公新書）
奥野高広「身自鏡について」（『国史学』69、一九五四年）
奥野中彦「「身自鏡」論　ある戦国武士の生活観」（『歴史評論』２７４、一九七三年）

尾上陽介『中世の日記の世界』（山川出版社）
片岡耕平『日本中世の穢と秩序意識』（吉川弘文館）
勝田至『日本中世の墓と葬送』（吉川弘文館）
勝田至編『日本葬制史』（吉川弘文館）
勝俣鎮夫『戦国法成立史論』（東京大学出版会）
亀田俊和『高師直　室町新秩序の創造者』（吉川弘文館）
〃『高一族と南北朝内乱　室町幕府草創の立役者』（戎光祥出版）
鴨川達夫『武田信玄と勝頼　文書にみる戦国大名の実像』（岩波新書）
苅米一志『殺生と往生のあいだ　中世仏教と民衆生活』（吉川弘文館）
川瀬一馬『増補新訂 足利学校の研究』（吉川弘文館）
川本慎自「中世禅宗と儒学学習」（『歴史と地理』687、二〇一五年）
木下聡「中世における誕生日」（『日本歴史』804、二〇一五年）
久留島典子「中世後期の結婚と家—武家の家を中心に」（仁平道明編『東アジアの結婚と女性』勉誠出版）
黒田基樹『戦国北条五代』（星海社新書）
〃『戦国大名・伊勢宗瑞』（角川選書）
桑田忠親『武士の家訓』（講談社学術文庫）
「講座日本教育史」編集委員会編『講座日本教育史1　原始・古代／中世』（第一法規出版）
小島毅『足利義満　消された日本国王』（光文社新書）
五味文彦『中世のことばと絵　絵巻は訴える』（中公新書）

五味文彦『殺生と信仰―武士を探る』（角川選書）
近藤成一『鎌倉時代政治構造の研究』（校倉書房）
坂田聡編『日本家族史論集4　家族と社会』（吉川弘文館）
〃『日本家族史論集12　家族と住居・地域』（吉川弘文館）
桜井英治『日本の歴史12　室町人の精神』（講談社学術文庫）
〃『贈与の歴史学　儀礼と経済のあいだ』（中公新書）
清水克行『喧嘩両成敗の誕生』（講談社選書メチエ）
新城常三『新稿 社寺参詣の社会経済史的研究』（塙書房）
新村拓『日本医療社会史の研究　古代中世の民衆生活と医療』（法政大学出版局）
〃『老いと看取りの社会史』（法政大学出版局）
水藤真『中世の葬送・墓制　石塔を造立すること』（吉川弘文館）
高橋典幸・五味文彦編『中世史講義　院政期から戦国時代まで』（ちくま新書）
高橋秀樹「中世の家と女性」（大津透ほか編『岩波講座日本歴史7　中世2』岩波書店）
高橋秀樹編『生活と文化の歴史学4　婚姻と教育』（竹林舎）
高埜利彦編『民間に生きる宗教者』（吉川弘文館）
田中大喜『中世武士団構造の研究』（校倉書房）
田中奈保「貞和年間の公武徳政構想とその挫折」（阿部猛『中世政治史の研究』日本史史料研究会企画部）
田端泰子『日本中世の女性』（吉川弘文館）
千野香織・西和夫『フィクションとしての絵画　美術史の眼 建築史の眼』（ぺりかん社）

辻本雅史・沖田行司編『新体系日本史16　教育社会史』（山川出版社）
徳永誓子「庶民の出産図」の陥穽「融通念仏縁起」をめぐって」（『比較日本文化研究』15、二〇一二年）
中沢厚『つぶて』（法政大学出版局）
服部敏良『鎌倉時代医学史の研究』（吉川弘文館）
〃『室町安土桃山時代医学史の研究』（吉川弘文館）
春田直紀『日本中世生業史論』（岩波書店）
服藤早苗『家成立史の研究　祖先祭祀・女・子ども』（校倉書房）
藤田達生・福島克彦編『明智光秀　史料で読む戦国史3』（八木書店古書出版部）
二木謙一『中世武家儀礼の研究』（吉川弘文館）
細川重男『鎌倉政権得宗専制論』（吉川弘文館）
〃『頼朝の武士団　将軍・御家人たちと本拠地・鎌倉』（歴史新書y）
保立道久『中世の愛と従属　絵巻の中の肉体』（平凡社）
松田毅一・川崎桃太訳『完訳フロイス日本史〈3〉安土城と本能寺の変』（中公文庫）
三浦周行「或る戦国武士の自叙伝」（同『日本史の研究〈第1輯 上〉』岩波書店）
宮田安「誕生日を祝うこと」（『日本歴史』463、一九八六年）
村上直次郎訳・柳谷武夫編輯『イエズス会日本年報（上・下）』（雄松堂書店）
盛本昌広『贈答と宴会の中世』（吉川弘文館）
森幸夫『小田原北条氏権力の諸相　その政治的断面』（日本史史料研究会企画部）
山内譲『中世　瀬戸内海の旅人たち』（吉川弘文館）

山中裕『平安朝の年中行事』（塙選書）
山本幸司「恥辱と悪口」（網野善彦ほか編『ことばの文化史　中世2』平凡社）
ルイス・フロイス著、岡田章雄訳注『ヨーロッパ文化と日本文化』（岩波文庫）
和島芳男『増補版 日本宋学史の研究』（吉川弘文館）

（著者名五十音順）

図版クレジット

図版①　『一遍聖絵　巻六第一段』（国立国会図書館）
図版②　『石山寺縁起絵巻　巻二第一段』（石山寺所蔵）
図版③　『融通念仏縁起絵巻（模本）上巻　本文３』
（東京国立博物館　TNM Image Archives）
図版④　『論語集解』（国立国会図書館）
図版⑤　『融通念仏縁起絵巻（模本）下巻　本文13』
（東京国立博物館　TNM Image Archives）
図版⑥　『北野天神縁起絵巻（承久本）巻八 貴族邸宅産屋の様子』
（北野天満宮蔵）
図版⑦　『餓鬼草紙　本紙』（東京国立博物館　TNM Image Archives）
図版⑧　『病草子（眼病の治療）』（京都国立博物館）
図版⑨　『融通念仏縁起絵巻（模本）下巻　本文２』
（東京国立博物館　TNM Image　Archives）
図版⑩　『板碑と石塔の祈り』（千々和到著、山川出版社）
図版⑪　宝篋印塔（元箱根石仏群、神奈川県箱根町所有）
図版⑫　五輪塔（石清水八幡宮所蔵重要文化財）
図版⑬　『餓鬼草紙　本紙』（東京国立博物館　TNM Image Archives）
図版⑭　一石五輪塔（福井県立一乗谷朝倉氏遺跡資料館提供）
図版⑮　『鳥獣戯画』（国立国会図書館）
図版⑯　『紙本著色洛中洛外図屏風（歴博甲本）』
（国立歴史民俗博物館所蔵）
図版⑰　花御堂（東京都昭島市廣福寺）
図版⑱　『洛中洛外図屏風』（米沢市上杉博物館所蔵）

呉座勇一　ござ・ゆういち
1980（昭和55）年、東京都生まれ。東京大学文学部卒業。同大学大学院人文社会系研究科博士課程修了。博士（文学）。専攻は日本中世史。国際日本文化研究センター助教。2014年『戦争の日本中世史』（新潮選書）で第12回角川財団学芸賞受賞。著書に、『一揆の原理』『応仁の乱 戦国時代を生んだ大乱』『陰謀の日本中世史』など。共著に『戦乱と民衆』がある。

朝日新書
749

日本中世《にほんちゅうせい》への招待《しょうたい》

2020年2月28日第1刷発行

著　者　呉座勇一

発行者　三宮博信
カバーデザイン　アンスガー・フォルマー　田嶋佳子
印刷所　凸版印刷株式会社
発行所　朝日新聞出版
〒104-8011　東京都中央区築地5-3-2
電話　03-5541-8832（編集）
　　　03-5540-7793（販売）

Published in Japan by Asahi Shimbun Publications Inc.
ISBN 978-4-02-295057-4
定価はカバーに表示してあります。